AF591945

GUIDE GÉNÉRAL
DES FAILLITES
ET
BANQUEROUTES.

Paris. — Typographie de Firmin Didot Frères,
rue Jacob, 56.

GUIDE GÉNÉRAL DES FAILLITES ET BANQUEROUTES,

SUIVANT LA LOI DU 28 MAI 1838,

INDIQUANT

LES DROITS ET LES DEVOIRS,

SOUS TOUTES LES PHASES D'UNE FAILLITE ET DANS LES CAS DE BANQUEROUTE SIMPLE, DE BANQUEROUTE FRAUDULEUSE ET DE RÉHABILITATION,

DU FAILLI; DU TRIBUNAL DE COMMERCE, DU PRÉSIDENT ET DU GREFFIER DE CE TRIBUNAL; DU JUGE-COMMISSAIRE; DES SYNDICS; DES CRÉANCIERS ORDINAIRES; DES COOBLIGÉS ET DES CAUTIONS; DES CRÉANCIERS NANTIS DE GAGE ET PRIVILÉGIÉS SUR LES BIENS MEUBLES; DES CRÉANCIERS HYPOTHÉCAIRES; DES FEMMES; DES REVENDIQUANTS ET DES TIERS.

A L'USAGE DES COMMERÇANTS,

PAR

ISIDORE CLAIRFOND,

Avocat à la Cour royale de Paris, fondateur du Mémorial du commerce.

Jura vigilantibus prosunt.

Prix : 2 fr. 50 c.

PARIS,

CHEZ VIDECOQ, PÈRE ET FILS, LIBRAIRES DU TRIBUNAL DE COMMERCE DE LA SEINE, Place du Panthéon, 3.

CHEZ DAUVIN ET FONTAINE, LIBRAIRES, Passage des Panoramas, 35.

ET CHEZ L'AUTEUR, 21, RUE DES PRÊTRES-SAINT-GERMAIN-L'AUXERROIS.

1842.

AVANT-PROPOS.

C'est pour les commerçants que ce petit livre a été écrit. Tous les ouvrages qui ont été publiés jusqu'à ce jour sur la loi du 28 mai 1838 en matière de faillite et banqueroute, sont des commentaires ou des traités que la science doctrinale et jurisprudentielle a empreints d'un caractère qui ne les rend propres qu'à l'usage des personnes versées, par profession, dans l'étude des lois. Les commerçants, ceux du moins qui sont étrangers à la science du droit, ne pourraient que fort laborieusement trouver dans de tels livres les notions pratiques dont ils ont besoin. La nouvelle loi a fait subir à l'ancien Code de grands changements, et avec ces changements d'importantes améliorations; toutefois, c'est bien moins son esprit que ses dispositions textuelles que le commerçant doit connaître; une indication claire, précise et catégorique des droits à exercer que cette loi lui confère, des devoirs à remplir qu'elle lui impose, est pour lui suffisante.

C'est une indication, un enseignement de cette nature que j'ai voulu présenter aux commerçants, en composant ce petit livre.

Pour atteindre mon but, j'ai établi une classification des dispositions de la loi telle que chacune des personnes appelées à diriger ou à suivre les opérations d'une faillite, en quelle qualité que ce soit, peut connaître avec précision, sans peine, sans recherche, la série complète des prescriptions qui déterminent ses droits et ses devoirs sous chacune des époques de la faillite et dans les cas de banqueroute simple, de banqueroute frauduleuse et de réhabilitation.

Au moyen de cette classification, toute personne dont l'ouverture d'une faillite appelle l'action peut, sur-le-champ, non-seulement connaître toutes celles des dispositions de la loi qui lui sont applicables, mais encore toutes celles qui concernent ses auxiliaires ou ses cointéressés. Ainsi veut-on savoir les droits et les devoirs des *syndics*, par exemple, on trouve sous la section qui correspond à cette rubrique, tous ces objets réunis, en quelques lignes, avec la double indication de l'époque à laquelle ils se rapportent, et le n° de l'article qui les contient textuellement.

Tel est mon livre, essentiellement exempt de toute exposition de doctrine et de jurisprudence.

Deux anciens présidents du tribunal de commerce de la Seine, l'honorable M. Aubé, qui a pris aux travaux préparatoires de la nouvelle loi une part que chacun sait si méritoire, et M. Pepin-le-Halleur, dont le zèle et l'activité ont été si remarquables dans l'exercice de ses fonctions consulaires, ont jugé ce petit ouvrage digne de leur approbation; puissent les personnes auxquelles il est destiné, confirmer ces honorables suffrages!

I. C.

TABLE

DES MATIÈRES.

GUIDE GÉNÉRAL

DES FAILLITES

ET

BANQUEROUTES.

PLAN DE L'OUVRAGE.

Les dispositions que renferme la loi sur les faillites et banqueroutes, rapprochées de la qualité en vertu de laquelle elles imposent à une personne des obligations, peuvent se ranger sous deux catégories : l'une, qui embrasse toutes les dispositions qui concernent les personnes dont l'intervention est *nécessaire* dans la procédure à laquelle donne lieu une faillite ouverte, à savoir : le failli, le tribunal de commerce, le juge-commissaire, les syndics et les créanciers ordinaires ; l'autre, qui comprend toutes les prescriptions que doivent suivre ceux qui surviennent dans la procédure d'une manière *accessoire*, tels que les coobligés et les cautions, les créanciers nantis de gage ou privilégiés sur les biens meubles, les créanciers hypothécaires, les femmes, les revendiquants et les tiers.

Le Guide Général est conçu sur le plan que cette classification indique, et qui permet de coordonner sous la rubrique d'une individualité toutes celles des dispositions de la loi qui lui sont applicables.

Nous avons réuni dans une catégorie spéciale formant le chapitre premier, les définitions et les principes généraux de la loi, afin d'en reproduire le texte d'un manière complète ; le chapitre deuxième est consacré à la première catégorie, le chapitre troisième à la seconde.

CHAPITRE PREMIER.

DÉFINITIONS ET PRINCIPES GÉNÉRAUX DE LA LOI.

Objet et division de ce chapitre.

Ce chapitre renferme les définitions et les principes généraux de la loi ; il est divisé en trois sections :

La première définit la faillite, la banqueroute simple, la banqueroute frauduleuse, et expose les peines applicables.

La deuxième est consacrée aux voies de recours contre les jugements rendus en matière de faillite.

La troisième présente la marche que doit suivre, dans cette matière, une procédure régulière.

SECTION PREMIÈRE.

DE LA FAILLITE; DE LA BANQUEROUTE SIMPLE; DE LA BANQUEROUTE FRAUDULEUSE ET DES PEINES APPLICABLES.

LA CESSATION de payements par un COMMERÇANT	Complète et définitive,	Constitue l'état de faillite,	Qui a pour effet de priver de l'exercice des droits de citoyen; de rendre incapable de remplir des fonctions publiques; d'être agent de change ou courtier; d'assister aux assemblées qui nomment les prud'hommes; d'être élu à ces fonctions; d'être reçu à la bourse, d'être admis à l'escompte de la banque de France et au bénéfice de la cession de biens. — La réhabilitation fait cesser ces incapacités.—V. art. 437, 541, 613, et ch. II, sect. I, § 1.
	Avec circonstances de dépenses personnelles ou de maison jugées excessives; de fortes sommes consommées à des opérations de pur hasard ou des opérations fictives de bourse ou sur marchandises; d'achats pour revendre au-dessous du cours, d'emprunts, de circulation d'effets dans l'intention de retarder la faillite; de payement fait à un créancier au préjudice de la masse après cessation de payements; d'engagements trop considérables contractés pour le compte d'autrui sans recevoir des valeurs en échange; de faillite renouvelée sans avoir satisfait aux obligations d'un précédent concordat; de ne pas s'être conformé aux art. 69 et 70 C. de com., étant marié sous le régime dotal ou de la séparation de biens; de ne pas avoir fait au greffe la déclaration exigée par les art. 438 et 439; de ne pas s'être présenté en personne à justice ou aux syndics dans les cas et dans les délais fixés, à moins d'empêchement légitime; de défaut de tenue de livres et d'inventaire, ou si les livres et l'inventaire sont incomplets ou irrégulièrement tenus, et qu'ils n'offrent pas la véritable situation active ou passive.	Constitue l'état de faillite, et peut donner lieu à condamnation par les tribunaux correctionnels pour banqueroute simple.	Dont la peine est l'emprisonnement de un mois à deux ans, et de ne pouvoir être réhabilité qu'après avoir subi la peine.—Voy. art. 584, 585, 586, 612, et ch. II, sect. I, § 5.
	Avec circonstances de soustraction de livres, de détournement ou dissimulation d'une partie de l'actif; d'engagements frauduleux pour des sommes qui ne sont pas dues, résultant des livres, d'actes publics ou privés ou du bilan.....	Constitue l'état de faillite, et peut donner lieu à condamnation par une cour d'assises pour banqueroute frauduleuse...	Dont la peine est les travaux forcés de cinq à vingt ans; de ne pouvoir obtenir un concordat, et de ne pouvoir être réhabilité.—Voy. art. 510, 591, 612, et ch. II, sect. I, § 6.

SECTION DEUXIÈME.

DES VOIES DE RECOURS CONTRE LES JUGEMENTS RENDUS EN MATIÈRE DE FAILLITE.

Le jugement déclaratif de la faillite et celui qui fixe à une date antérieure l'époque de la cessation de payements	Sont susceptibles d'opposition,	De la part du failli dans la huitaine. . . . De la part de toute autre partie intéressée pendant un mois.	A partir du jour où les formalités de l'affiche et de l'insertion ont été accomplies. — Voy. art. 580.

LES JUGEMENTS :

1° Relatifs à la nomination ou au remplacement du juge-commissaire, à la nomination ou à la révocation des syndics. . 2° Qui statuent sur les demandes de sauf-conduit et sur celles de secours pour le failli et sa famille. . . . . 3° Qui autorisent à vendre les effets ou marchandises appartenant à la faillite. . . . 4° Qui prononcent sursis au concordat ou admission provisionnelle de créanciers contestés. . . . . 5° Qui statuent sur les recours formés contre les ordonnances rendues par le juge-commissaire dans les limites de ses attributions.	Ne sont susceptibles, ni d'opposition, ni d'appel, ni de recours en cassation. —Voy. art. 583.

Tout autre jugement rendu en matière de faillite	Est susceptible d'appel,	Dans la quinzaine à compter du jour où la signification en est faite.	Ce délai est augmenté à raison d'un jour par cinq myriamètres de distance. — Voy. art. 582.

Les ordonnances du juge-commissaire ne sont susceptibles de recours, devant le tribunal de commerce, que dans les cas prévus par la loi. —Voy. art. 453, et ch. II, sect. III, § 1.

SECTION TROISIÈME.

DE LA MARCHE QUE DOIT SUIVRE UNE PROCÉDURE RÉGULIÈRE.

1° Jugement déclaratif de la faillite.	
2° Apposition des scellés.	
3° Assemblée des créanciers présumés pour le syndicat définitif.	Cette assemblée doit avoir lieu dans la quinzaine à compter du jour où a été rendu le jugement déclaratif de la faillite. — Voy. art. 462.
4° Jugement qui nomme les syndics.	
5° Levée des scellés. — Inventaire.	
6° Production des titres de créance.	Cette production peut être faite à partir du jugement déclaratif de la faillite jusqu'à l'expiration du délai de vingt jours indiqué par insertions dans les journaux et lettres du greffier. — Voy. art. 491.
7° Ouverture du procès-verbal des vérifications de créances.	Cette ouverture commence dans les trois jours de l'expiration des délais déterminés pour la production des titres. — Voy. art. 493.
8° Affirmation des créances.	Cette affirmation doit être faite dans les huit jours de la vérification. — Voy. art. 497.
9° Clôture du procès-verbal des vérifications.	
10° Jugement qui fixe la date de la cessation de payements.	La demande tendant à obtenir ce jugement n'est plus recevable après l'expiration des délais pour la vérification et l'affirmation. — Voy. art. 581.
11° Concordat.	
12° Jugement qui prononce la clôture des opérations.	Ce jugement ne peut intervenir qu'avant l'homologation du concordat ou la formation de l'union. — Voy. art. 527.
13° Jugement qui rapporte celui de clôture.	
14° Jugement d'homologation du concordat.	Ce jugement ne peut être rendu qu'après les huit jours qui suivent le concordat. — Voy. art. 513.
15° Reddition de compte des syndics au failli.	Cette formalité a lieu dès que le jugement d'homologation du concordat est passé en force de chose jugée. — Voy. art. 519.
16° Formation de l'union.	
17° Jugement qui maintient les syndics ou en nomme de nouveaux.	
18° Reddition de compte de gestion.	
19° Jugement qui maintient les syndics ou en nomme de nouveaux.	
20° Reddition de compte et quitus.	

CHAPITRE II.

DROITS ET DEVOIRS

DU FAILLI; DU TRIBUNAL DE COMMERCE DU DOMICILE DU FAILLI, DU PRÉSIDENT ET DU GREFFIER DE CE TRIBUNAL; DU JUGE-COMMISSAIRE; DES SYNDICS ET DES CRÉANCIERS ORDINAIRES.

Objet et division de ce chapitre.

Lorsqu'une procédure de faillite suit complétement son cours et que la nécessité ne clôt pas exceptionnellement ses opérations, conformément aux prévisions de l'article 527, cette procédure présente trois phases distinctes : la première, qui s'écoule depuis la déclaration de faillite jusqu'à la nomination des syndics définitifs; la seconde, qui commence à ce moment et qui finit à l'assemblée des créanciers pour former un concordat ou une union; la troisième enfin, qui part de cette époque et qui se termine à la dernière reddition de compte des syndics de l'union.

Nous déterminerons, dans ce chapitre, divisé en cinq sections, les droits et les devoirs des personnes qui interviennent *nécessairement* dans la procédure, à savoir : 1° du failli; 2° du tribunal de commerce, du président et du greffier de ce tribunal; 3° du juge-commissaire; 4° des syndics; et 5° des créanciers ordinaires.

Chaque section sera subdivisée en sept paragraphes. Le premier paragraphe de chaque section sera consacré aux dispositions applicables sous toutes les phases des opérations d'une faillite; les deuxième, troisième et quatrième paragraphes contiendront les dispositions qu'il y a lieu de suivre durant les première, deuxième et troisième périodes de la procédure; enfin, les cinquième, sixième et septième paragraphes indiqueront les prescriptions de la loi dans les cas de banqueroute simple, de banqueroute frauduleuse et de réhabilitation.

SECTION PREMIÈRE.

DROITS ET DEVOIRS DU FAILLI.

---

§ 1. — *Dispositions applicables sous toutes les phases de la procédure.*

Le failli est dessaisi, de plein droit, à partir du jugement déclaratif de la faillite, de l'administration de ses biens présents et de ceux qui peuvent lui échoir tant qu'il est en état de faillite. — Il peut être reçu partie intervenante, par le tribunal, dans toutes les actions mobilières ou immobilières suivies ou intentées par les syndics, et en cas de voie d'exécution tant sur ses meubles que sur ses immeubles. — Le jugement déclaratif de faillite rend exigibles à son égard les dettes passives non échues. — Il demeure tenu des intérêts dont le cours est suspendu par l'effet du jugement déclaratif. — Sont nuls et sans effet, relativement à la masse, tous ses actes translatifs de propriété mobilière ou immobilière à titre gratuit; tous payements pour dettes non échues en espèces, transport, vente, compensation ou autrement; tous payements pour dettes échues faits autrement qu'en espèces ou effets de commerce, quand ces actes translatifs de propriété et ces payements ont eu lieu depuis l'époque déterminée par le tribunal, comme étant celle de la cessation de ses payements, ou dans les dix jours qui ont précédé cette époque. — Tous payements pour dettes échues et tous actes à titre onéreux par lui faits après la cessation de ses payements et avant le jugement déclaratif de faillite, peuvent être annulés, si les tiers qui ont été payés par lui ou avec lesquels il a traité avaient connaissance de la cessation de ses payements. — Il peut obtenir pour lui et sa famille, sur l'actif de sa faillite, des secours alimentaires qui sont fixés par le juge-commissaire, sur la proposition des syndics, sauf appel au tribunal de commerce. — Les lettres qui lui sont adressées sont remises aux syndics qui les ouvrent; il assiste à leur ouverture s'il est présent. — Il peut provoquer du juge-commissaire la révocation d'un ou plusieurs des syndics; s'il n'est pas fait droit à sa réclamation dans huit jours, il peut la porter devant le tribunal. — Si pour insuffisance de l'actif le tribunal prononce la clôture des opérations de la faillite, ses créanciers rentrent dans l'exercice de leurs actions individuelles, tant sur ses biens que contre sa personne. — L'exécution de ce jugement est suspendue pendant un mois à partir de sa date. — Il peut, à toute époque, le faire rapporter par le tribunal, en justifiant qu'il existe des fonds pour faire face aux frais, ou en consignant une somme suffisante entre les mains des syndics. — Les frais des poursuites qui auraint été exercées en ce cas, doivent être préalablement acquittés. — Sont nulles à son égard et à l'égard de toutes personnes les conventions qu'il aurait faites avec des créanciers, contenant en faveur de ceux-ci des avantages particuliers, à la charge de l'actif, à raison de leur vote dans les délibérations de la faillite. — Dans le cas où le failli vient à décéder avant ou après la déclaration de la faillite, sa veuve, ses enfants, ses héritiers peuvent se présenter ou se faire représenter pour le suppléer dans la formation du bilan, ainsi que dans toutes les autres opérations de la faillite. — Voy. ART. 443, 444, 445, 446, 447, 467, 471, 474, 478, 527, 528, 597, 598, et ch. Ier, sect. Ire; ch. II, sect. III, § 1.

---

§ 2. — *Dispositions applicables sous la première époque.*

Le failli est tenu, dans les trois jours de la cessation de ses payements, d'en faire la déclaration au greffe du tribunal de son domicile; le jour de la cessation de payements est compris dans les trois jours. — En cas de faillite d'une société en nom collectif, la déclaration doit contenir le nom et l'indication du domicile de chacun des associés solidaires; elle est faite au greffe du tribunal dans le ressort duquel se trouve le siége du principal établissement de la société. — La déclaration du failli doit être accompagnée du dépôt du bilan, ou contenir l'indication des motifs qui empêchent de le déposer. — Le bilan contient l'énumération et l'évaluation de tous les biens mobiliers et immobiliers, l'état des dettes actives et passives, le tableau des profits et pertes, le tableau des dépenses; il doit être certifié véritable, daté et signé par le failli. — Le jugement qui prononce la faillite peut être rendu sur sa déclaration. — Ce jugement est exécutoire par provision. — La faillite du commerçant mort en état de cessation de payements ne peut être déclarée que dans l'année qui suit son décès. — A défaut de détermination spéciale par le jugement déclaratif ou par jugement ultérieur, la cessation de payements est réputée avoir lieu à partir du jugement déclaratif de la faillite. — Par ce jugement, le tribunal ordonne le dépôt de la personne du failli dans la maison d'arrêt pour dettes, ou la garde de sa personne par un officier de police ou de justice, ou par un gendarme. — Il ne peut, en cet état, être reçu contre lui d'écrou ou recommandation pour aucune espèce de dettes. — Lorsqu'il a, conformément à la loi, fait la déclaration de sa cessation de payements, déposé son bilan, et que, d'ailleurs, il n'est point, au moment de sa déclaration, incarcéré pour dettes ou pour autre cause, le tribunal peut l'affranchir du dépôt ou de la garde de sa personne. — Par le jugement qui déclare la faillite, le tribunal ordonne l'apposition des scellés. — Cette opération est faite par le juge de paix, qui peut, d'ailleurs, y procéder même avant le jugement, au cas de disparition du failli, ou de détournement de tout ou partie de son actif. — Les scellés sont apposés sur les magasins, comptoirs, caisses, portefeuilles, livres, papiers, meubles et effets, à moins que le juge-commissaire n'estime que tous ces objets peuvent être inventoriés en un seul jour. — En cas de faillite d'une société en nom collectif, les scellés sont apposés, non-seulement dans le siége principal de la société, mais encore dans le domicile séparé de chacun des associés solidaires. — Le juge-commissaire peut, sur la demande des syndics, les dispenser de faire placer sous les scellés ou les autoriser à en faire extraire les vêtements, hardes, meubles et effets nécessaires au failli et à sa famille. — La délivrance de ces objets est autorisée par le juge-commissaire sur un état que lui en soumettent les syndics. — Les syndics l'appellent auprès d'eux pour clore et arrêter ses livres en sa présence; s'il ne se rend pas à leur invitation, il est sommé de comparaître dans les quarante-huit heures; soit qu'il ait ou non obtenu un sauf-conduit, il peut comparaître par fondé de pouvoirs, s'il justifie de causes d'empêchement reconnues valables par le juge-commissaire. — Le jugement déclaratif de la faillite et celui qui fixe à une date antérieure l'époque de la cessation de payements, sont susceptibles d'opposition de la part du failli dans la huitaine, à partir du jour où les formalités de l'affiche et de l'insertion ont été remplies. — Voy. ART. 437, 438, 439, 440, 441, 455, 456, 457, 458, 469, 475, 580, et ch. Ier, sect. II, ch. II, sect. Ire, § 1.

---

§ 3. — *Dispositions applicables sous la seconde époque.*

En cas de détention dans une maison d'arrêt, le failli peut obtenir du tribunal, sur la proposition du juge-commissaire, sa mise en liberté avec sauf-conduit provisoire. — Il peut être obligé à fournir caution de se représenter. — A défaut de proposition par le juge-commissaire d'un sauf-conduit en sa faveur, il peut le demander directement au tribunal. — Il est appelé par les syndics à assister à la levée des scellés et à l'inventaire de ses biens. — Si la faillite est déclarée après son décès, et qu'il n'ait pas été fait inventaire antérieurement à la déclaration, et au cas où il est décédé avant l'ouverture de l'inventaire, il est procédé à cette formalité, de conformité à l'art. 480, en présence de ses héritiers ou eux dûment appelés. — Il est entendu ou dûment appelé par le juge-commissaire avant qu'il n'autorise les syndics à procéder à la vente des effets mobiliers ou marchandises. — Il est également entendu ou dûment appelé avant que les syndics ne transigent sur des contestations intéressant la masse, relatives à des droits et actions mobiliers ou immobiliers. — Lorsque l'homologation est nécessaire pour rendre la transaction obligatoire, il est appelé à cette homologation; il peut s'y opposer; son opposition suffit pour empêcher la transaction, qui a pour objet des biens immobiliers. — S'il a été affranchi du dépôt, ou s'il a obtenu un sauf-conduit, les syndics peuvent l'employer pour faciliter et éclairer leur gestion; le juge-commissaire fixe les conditions de son travail. — Il a le droit d'assister à la vérification des créances, et de fournir des contredits aux vérifications faites et à faire. — Voy. ART. 472, 473, 479, 481, 486, 487, 488, 494, et ch. II, sect. I, § 1.

---

§ 4. — *Dispositions applicables sous la troisième époque.*

Le failli est appelé à l'assemblée des créanciers réunis à l'effet de délibérer sur la formation d'un concordat ; il doit s'y présenter en personne s'il a été dispensé de la mise en dépôt ou s'il a obtenu un sauf-conduit; il ne peut s'y faire représenter que pour des motifs reconnus valables et approuvés par le juge-commissaire. — Il est entendu dans les délibérations de l'assemblée. — Un traité ne peut avoir lieu entre les créanciers délibérants et lui, qu'après l'accomplissement de toutes les formalités prescrites. — Il peut poursuivre personnellement l'homologation du concordat. — Il doit recevoir sous huitaine du jour où le concordat a été signé, signification des oppositions qui sont faites. — L'opposition doit être motivée, sous peine de nullité; elle doit contenir assignation à la première audience du tribunal de commerce. — Lorsque le jugement d'homologation est passé en force de chose jugée, il reçoit le compte définitif des syndics, qui sont tenus de lui remettre sur décharge de sa part, l'universalité de ses biens, livres, papiers et effets. — L'homologation conserve à chacun des créanciers l'hypothèque inscrite sur ses immeubles, à moins qu'il n'en ait été décidé autrement par le concordat. — S'il fait partie d'une société de commerce en faillite, et qu'il obtienne un concordat particulier, ses biens personnels sont exclus du régime de l'union, et il demeure déchargé de toute solidarité; toutefois, les dividendes qu'il s'engage à payer ne peuvent être pris que sur des valeurs étrangères à l'actif social. — Aucune action en nullité de concordat n'est recevable après l'homologation que pour dol découvert depuis cette homologation, résultant, soit de la dissimulation de l'actif, soit de l'exagération du passif. — S'il n'exécute pas les conditions du traité, sa résolution peut être poursuivie devant le tribunal de commerce. — Les actes faits par lui postérieurement au jugement d'homologation, et antérieurement à l'annulation ou à la résolution du concordat, ne sont annulés qu'en cas de fraude aux droits des créanciers. — Les créanciers antérieurs au concordat, au cas qu'il soit annulé ou résolu, rentrent dans l'intégralité de leurs droits à son égard seulement. — S'il n'intervient point de concordat, les créanciers sont de plein droit en état d'union. — Il ne peut,

2

sous ce régime, lui être accordé un secours sur l'actif de la faillite, que du consentement de la majorité des créanciers. —La quotité en est fixée, sauf recours, par le juge-commissaire, sur la proposition des syndics. — Il peut former opposition à la délibération par laquelle les créanciers unis donnent mandat aux syndics de continuer l'exploitation de l'actif; cette opposition n'est pas suspensive de l'exécution. — La vente par les syndics de ses immeubles, marchandises et effets mobiliers, et la liquidation de ses dettes actives et passives, peuvent avoir lieu sans qu'il soit besoin de l'appeler. — Les syndics peuvent transiger sur tous ses droits nonobstant opposition de sa part; cependant il est appelé au jugement d'autorisation nécessaire à l'union pour qu'elle puisse aliéner ou traiter à forfait de tout ou partie des droits et actions dont le recouvrement n'a pas été opéré. — Il est appelé à assister à l'assemblée des créanciers qui a lieu lorsque la liquidation de la faillite est terminée, et dans laquelle les syndics rendent leurs comptes définitifs. — Cette assemblée donne son avis sur son excusabilité. — Le tribunal de commerce prononce s'il est excusable ou non. — S'il est déclaré excusable, il demeure affranchi de la contrainte par corps à l'égard des créanciers de la faillite, et ne peut plus être poursuivi par eux que sur ses biens; s'il n'est pas déclaré excusable, ses créanciers rentrent dans l'exercice de leurs actions individuelles, tant contre sa personne que sur ses biens. — Il ne peut être déclaré excusable s'il est banqueroutier frauduleux, stellionataire, condamné pour vol, escroquerie, abus de confiance, ou comptable de deniers publics. — Voy. ART. 505, 506, 507, 512, 513, 517, 518, 519, 520, 525, 526, 529, 530, 531, 532, 534, 535, 537, 539, 540, 570, et ch. II, sect. V, § 4.

---

§ 5. — *Dispositions applicables en cas de banqueroute simple.*

Le failli est passible envers le trésor public des frais de poursuite en cas de condamnation. — S'il a obtenu un concordat, le recours du trésor contre lui ne peut être exercé qu'après l'expiration des termes accordés par ce traité. — Dans tous les cas de poursuite et de condamnation, ses actions civiles et celles relatives à ses biens ne peuvent être ni attribuées ni évoquées aux tribunaux de police correctionnelle, ni aux cours d'assises. — Il peut, malgré une condamnation, obtenir un concordat, et se faire réhabiliter s'il a subi sa peine. — Voy. ART. 511, 587, 588, 601, 612, et ch. Ier, sect. Ire.

---

§ 6. — *Dispositions applicables en cas de banqueroute frauduleuse.*

En cas de condamnation, il ne peut ni obtenir un concordat, ni être déclaré excusable, ni se faire réhabiliter. — Dans tous les cas de poursuite et de condamnation, ses actions civiles et celles relatives à ses biens ne peuvent être distraites de la juridiction ordinaire. — S'il est poursuivi après homologation du concordat, et qu'il soit placé sous mandat de dépôt ou d'arrêt, le tribunal de commerce prescrit telles mesures conservatoires qu'il y a lieu. — Sa condamnation annule de plein droit le concordat qu'il aurait antérieurement obtenu, et qui se trouverait homologué. — Voy. ART. 510, 520, 521, 540, 601, 612, et ch. Ier, sect. Ire.

---

§ 7. — *Dispositions applicables en cas de réhabilitation.*

Le failli et le banqueroutier simple, après avoir subi sa peine, qui ont intégralement acquitté en principal, intérêts et frais, les sommes par eux dues, peuvent obtenir leur réhabilitation. — L'associé d'une maison de commerce tombée en faillite ne peut être réhabilité qu'après avoir justifié que toutes les dettes de la société ont été intégralement acquittées en principal, intérêts et frais, alors même qu'un concordat particulier lui aurait été consenti. — Toute demande en réhabilitation doit être adressée, avec les quittances et autres pièces justificatives à l'appui, à la Cour royale dans le ressort de laquelle le failli est domicilié. — La demande qui a été rejetée, ne peut être reproduite qu'après une année d'intervalle. — Le banqueroutier frauduleux, les personnes condamnées pour vol, escroquerie ou abus de confiance, les stellionataires, les tuteurs, administrateurs ou autres comptables qui n'ont pas rendu et soldé leurs comptes, ne sont point admis à la réhabilitation. — Le failli peut être réhabilité après sa mort. — Voy. ART. 604, 605, 610, 612, 614, et ch. II, sect. II, § 7.

SECTION DEUXIÈME.

DROITS ET DEVOIRS DU TRIBUNAL DE COMMERCE DU DOMICILE DU FAILLI, DU PRÉSIDENT ET DU GREFFIER DE CE TRIBUNAL.

§ 1. — *Dispositions applicables sous toutes les phases de la procédure.*

C'est le tribunal de commerce du domicile du failli qui est compétent pour déclarer la faillite et juger de tout ce qui la concerne. — Lorsqu'il le juge convenable, il peut recevoir le failli partie intervenante dans les actions suivies ou intentées contre les syndics. — Il peut à toutes les époques remplacer le juge-commissaire par un autre de ses membres. — Il juge toutes les contestations que la faillite fait naître, et qui sont de sa compétence, sur rapport du juge-commissaire. — C'est devant lui que sont portés les recours contre les ordonnances du juge-commissaire. — Il peut toujours, suivant les circonstances, même d'office, rapporter la disposition du jugement qui affranchit le failli du dépôt ou de la garde de sa personne. — Il peut à toutes les époques remplacer les syndics et en modifier le nombre de un à trois, sur rapport du juge-commissaire. — Il entend, en chambre du conseil, le rapport du juge-commissaire, et les explications des syndics, sur les réclamations portées devant lui, contre leurs opérations et la demande de leur révocation. — Il prononce son jugement en audience publique. — Il arbitre le montant de l'indemnité à accorder aux syndics qui ont rendu leur compte de gestion, sur rapport du juge-commissaire. — Il juge, par voie de recours, de la fixation des secours alimentaires à donner au failli et à sa famille. — A quelque époque que ce soit, avant l'homologation du concordat, ou la formation de l'union, il peut, sur rapport du juge-commissaire, prononcer, même d'office, la clôture des opérations de la faillite, si le cours en est arrêté par insuffisance de l'actif. — Ce jugement peut toujours être rapporté; son exécution est suspendue pendant un mois à partir de sa date. — Il est juge des contestations sur les créances prétendues privilégiées sur les biens meubles, et de celles qui s'élèvent sur les demandes en revendication. — Il est juge de l'action poursuivie par la voie civile qui a pour but l'annulation des conventions frauduleuses intervenues entre le failli et des créanciers. — Les insertions et annonces, par le greffier, du jugement qui déclare la faillite, de celui qui détermine l'époque à laquelle a eu lieu la cessation des payements, de la convocation des créanciers présumés, de la convocation qui précède la vérification des créances, et de celle enfin qui indique les jour, lieu et heure de cette vérification, doivent être faites dans les journaux désignés par le tribunal de commerce pour recevoir les publications légales. — Voy. ART. 440, 442, 443, 452, 453, 454, 456, 462, 464, 467, 474, 492, 493, 504, 527, 528, 530, 536, 537, 551, 579, 599, et ch. Ier, sect. II.

---

§ II. — *Dispositions applicables sous la première époque.*

C'est le greffier du tribunal de commerce où le failli a son domicile, qui est tenu de recevoir la déclaration de sa cessation de payements et le dépôt de son bilan. — La faillite est déclarée par un jugement rendu, soit sur la déclaration du failli, soit à la requête d'un ou de plusieurs créanciers, soit d'office. — Ce jugement est exécutoire par provision. — La faillite du commerçant mort en état de cessation de payements ne peut être déclarée que dans l'année qui suit son décès. — Par le jugement déclaratif de la faillite, ou par jugement ultérieur rendu sur le rapport du juge-commissaire, le tribunal détermine l'époque à laquelle a eu lieu la cessation de payements. — Le greffier doit faire afficher et insérer daus les journaux, tant du lieu où la faillite a été déclarée, que de tous les lieux où le failli a des établissements commerciaux, un extrait du jugement qui déclare la faillite, et de celui qui fixe l'époque de la cessation de payements. — Par le jugement qui déclare la faillite, le tribunal désigne l'un de ses membres pour juge-commissaire, et nomme un ou plusieurs syndics provisoires. — Par ce jugement, le tribunal ordonne l'apposition des scellés et le dépôt de la personne du failli dans la maison d'arrêt pour dettes, ou la garde de sa personne par un officier de police ou de justice, ou par un gendarme. — Le tribunal peut affranchir le failli du dépôt ou de la garde de sa personne, lorsqu'il a fait la déclaration de sa cessation de payements et qu'il a déposé son bilan, si, d'ailleurs, il ne se trouve pas au moment de la déclaration incarcéré pour dettes ou pour autre cause. — Le greffier doit adresser sur-le-champ au juge de paix avis de la disposition du jugement qui ordonne l'apposition des scellés. — Un avis que cette apposition a eu lieu doit être donné sans délai au président du tribunal, par le juge de paix qui y a procédé. — Le greffier doit dans les vingt-quatre heures envoyer au procureur du roi du ressort un extrait des jugements déclaratifs de faillite, mentionnant les principales indications et dispositions qu'ils contiennent. — A partir du jugement déclaratif, les créanciers peuvent remettre au greffier leurs titres avec un bordereau indicatif des sommes par eux réclamées. — Le greffier doit en tenir état, et en donner récépissé. — Il est responsable des titres pendant cinq années, à partir du jour de l'ouverture du procès-verbal de vérification. — Voy. ART. 437, 438, 440, 441, 442, 451, 455, 456, 457, 458, 459, 462, 491, et ch. II, sect. II, § 1.

---

§ 3. — *Dispositions applicables sous la seconde époque.*

Sur le vu du procès-verbal de la réunion des créanciers présumés et de l'état de ces créanciers, le tribunal, sur rapport du juge-commissaire, nomme de nouveaux syndics ou continue les premiers dans leurs fonctions. — Il peut accorder au failli, sur la proposition du juge-commissaire, faite d'après l'état apparent de ses affaires, sa liberté avec un sauf-conduit provisoire de sa personne, et l'obliger à fournir caution de se représenter, sous peine de payement d'une somme arbitrée par le tribunal. — Il statue en audience publique sur la demande d'un sauf-conduit qui lui est adressée directement par le failli. — Une des minutes de l'inventaire dressé par les syndics et signé par le juge de paix doit être déposée au greffe dans les vingt-quatre heures. — Le tribunal est compétent pour homologuer les transactions des syndics sur des contestations relatives à des droits et actions mobiliers, lorsque la transaction est d'une valeur indéterminée ou qu'elle excède 300 francs. — Le greffier continue de recevoir des créanciers leurs titres avec un bordereau indicatif des sommes par eux réclamées. — Il est tenu d'avertir par insertions dans les journaux et par lettres les créanciers qui n'ont pas remis leurs titres, qu'ils doivent, dans le délai de vingt jours, à partir desdites insertions, les déposer sur récipissé entre les mains des syndics ou au greffe du tribunal. — Cet avertissement indique les lieu, jour et heure de la vérification des créances. — De nouvelles insertions et de nouvelles lettres du greffier convoquent les créanciers à la vérification, en leur désignant, de nouveau, les lieu, jour et heure indiqués par le juge-commissaire. — Le tribunal juge à bref délai, sans citation, sur renvoi et rapport du juge-commissaire, les contestations de créances. — Il peut ordonner qu'il soit fait devant le juge-commissaire une enquête sur les faits. — Lorsque la contestation est soumise à sa juridiction, le tribunal, si la cause n'est point en état de recevoir jugement définitif avant l'expiration des délais fixés à l'égard des personnes domiciliées en France, peut ordonner, selon les circonstances, qu'il sera sursis ou passé outre à la convocation de l'assemblée pour la formation du concordat. — Si la contestation est portée devant un tribunal civil, ou si elle est l'objet d'une instruction criminelle ou correctionnelle, il décide également s'il sera sursis ou passé outre. — Dans le cas où le tribunal ordonne qu'il sera passé outre, il peut décider par provision que le créancier contesté sera admis dans les délibérations de l'assemblée pour une somme qu'il détermine, s'il est juge de la contestation. — Il est compétent pour juger de l'opposition des créanciers défaillants à la répartition ordonnancée par le juge-commissaire. — Dans le cas où il est procédé à des répartitions nouvelles avant qu'il ait été statué sur l'opposition, le tribunal détermine provisoirement la somme pour laquelle l'opposant doit être compris, somme mise en réserve jusqu'au jugement de l'opposition. — Voy. ART. 462, 472, 473, 480, 487, 491, 492, 493, 498, 499, 500, 503, et ch. II, sect. II, § 1.

---

§ 4. — *Dispositions applicables sous la troisième époque.*

Dans les trois jours qui suivent les délais prescrits pour l'affirmation, le greffier convoque, par ordre du juge - commissaire, à l'effet de délibérer sur la formation du concordat, les créanciers dont les créances ont été vérifiées et affirmées ou admises par provision. — Les insertions dans les journaux et les lettres de convocation indiquent l'objet de l'assemblée. — Le tribunal ne peut statuer sur l'homologation du concordat avant l'expiration du délai de huitaine à partir de sa date, et qu'il ne lui soit fait par le juge-commissaire un rapport sur les caractères de la faillite et sur l'admissibilité du concordat. — Il est seul compétent pour juger des oppositions. — Il peut statuer par le même jugement sur l'homologation et les oppositions qui auraient été formées. — Dans le cas où le jugement de l'opposition est subordonné à la solution de questions étrangères à sa compétence, à raison de la matière, il surseoit à prononcer sur l'homologation jusqu'après la décision de ces questions, et fixe un bref délai dans lequel le créancier opposant doit saisir les juges compétents et justifier de ses diligences. — Il peut refuser l'homologation pour inobservation des règles prescrites, ou pour des motifs tirés, soit de l'intérêt public, soit de celui des créanciers. — Il est juge des contestations auxquelles peut donner lieu le compte définitif des syndics. — Sur le vu de l'arrêt de condamnation pour banqueroute frauduleuse, ou par jugement qui prononce, soit l'annulation, soit la résolution du concordat, il nomme un juge-commissaire et un ou plusieurs syndics. — En cas d'union, sur le vu du procès-verbal des dires et observations des créanciers et sur rapport du juge-commissaire, il nomme de nouveaux syndics ou continue les premiers dans leurs fonctions. — Il statue sur l'homologation nécessaire pour la validité des transactions faites par les syndics de l'union sur des droits et actions mobiliers d'une valeur indéterminée ou qui excède 300 francs. — Son autorisation est nécessaire à l'union pour qu'elle puisse aliéner ou traiter à forfait de tout ou partie des droits et actions dont le recouvrement n'aurait pas été opéré. — Il juge, par voie de recours de la part des syndics, de la décision du juge-commissaire relative à la réserve faite sur les répartitions, au profit des créanciers portés au bilan et domiciliés hors du territoire continental de la France. — Il prononce, par un jugement rendu sur le vu de la délibération des créanciers relative à l'excusabilité du failli et sur un rapport du juge-commissaire relatif aux caractères et aux circonstances de la faillite, si le failli est ou non excusable. —

Voy. ART. 504, 512, 513, 514, 515, 519, 522, 529, 535, 538, 567, 570, et ch. II, sect. II, § 1 et 3.

---

§ 5. — *Dispositions applicables en cas de banqueroute simple.*

Néant.

---

§ 6. — *Dispositions applicables en cas de banqueroute frauduleuse.*

Lorsque, après l'homologation du concordat, le failli est poursuivi pour banqueroute frauduleuse et placé sous mandat de dépôt ou d'arrêt, le tribunal peut prescrire telles mesures conservatoires qu'il juge à propos. — Sur le vu de l'arrêt de condamnation pour banqueroute frauduleuse, il nomme un juge-commissaire et un ou plusieurs syndics. — Dans ce cas, le greffier invite par les voies ordinaires les créanciers nouveaux, s'il en existe, de produire dans le délai de vingt jours leurs titres de créances à la vérification. — Voy. ART. 521, 522, et ch. II, sect. II, § 1 et 4.

---

§ 7. — *Dispositions applicables en cas de réhabilitation.*

Le président du tribunal de commerce du domicile du demandeur, et si celui-ci a changé de domicile depuis la faillite, le président du tribunal de commerce de l'arrondissement où elle a eu lieu, doit recevoir du procureur général une expédition certifiée de la demande en réhabilitation. — Il est chargé de recueillir tous les renseignements qu'il peut se procurer sur la vérité des faits exposés en la requête. — Il fait afficher copie de cette requête pendant un délai de deux mois dans les salles d'audience du tribunal. — Durant ce délai, toute partie intéressée peut former opposition à la réhabilitation par simple acte au greffe, appuyé des pièces justificatives. — Après l'expiration de deux mois, il transmet au procureur général les renseignements qu'il a recueillis et les oppositions qui ont pu être formées; il y joint son avis sur la demande. — L'arrêt portant réhabilitation doit lui être transmis. — Il doit en faire faire la lecture publique et la transcription sur les registres du tribunal. — Voy. ART. 606, 607, 608, 609, 611, et ch. II, sect. I, § 7.

SECTION TROISIÈME.

DROITS ET DEVOIRS DU JUGE-COMMISSAIRE.

§ I. — *Dispositions applicables sous toutes les phases de la procédure.*

Le juge-commissaire est spécialement chargé d'accélérer et de surveiller les opérations et la gestion de la faillite. — Il peut, à toutes les époques, être remplacé par un autre des membres du tribunal. — Il fait au tribunal le rapport de toutes les contestations que la faillite peut faire naître et qui sont de sa compétence. — Ses ordonnances ne sont susceptibles de recours que dans les cas prévus par la loi. — Il peut, à toutes les époques, proposer au tribunal, sur la demande du failli ou des créanciers, ou d'office, l'adjonction, le remplacement ou la révocation d'un ou plusieurs syndics. — Il doit statuer dans le délai de trois jours sur les réclamations qu'on lui adresse contre quelqu'une des opérations des syndics. — Sa décision sur ce point est exécutoire par provision; mais elle est susceptible de recours. — Il fait un rapport au tribunal, en la chambre du conseil, sur les réclamations contre les syndics déférées à la juridiction du tribunal. — Il fixe, sur la proposition des syndics, sauf appel, la quotité des secours alimentaires à accorder au failli et à sa famille sur l'actif de la faillite. — S'il a été nommé plusieurs syndics, il peut donner à un ou plusieurs d'entre eux des autorisations spéciales à l'effet de faire séparément certains actes d'administration. — Les syndics sont tenus de lui justifier, dans les trois jours des recettes, du versement des deniers provenant des ventes et des recouvrements, à la caisse des dépôts et consignations. — Il arbitre les sommes que les syndics peuvent retenir entre leurs mains pour le montant des dépenses et frais. — Les deniers versés à la caisse des dépôts et consignations ne peuvent en être retirés qu'en vertu d'une ordonnance qui émane de lui. — Les syndics peuvent avec son autorisation retirer les gages au profit de la faillite en remboursant la dette; ils lui présentent un état des créanciers se prétendant privilégiés sur les biens meubles, et se font autoriser par lui, s'il y a lieu, à payer ces créanciers sur les premiers deniers rentrés; ils peuvent, avec son approbation, admettre les demandes en revendication; son autorisation leur est nécessaire pour qu'ils puissent exiger la livraison des marchandises vendues au failli qui ne lui ont été ni délivrées, ni expédiées, en payant au vendeur le prix convenu. — Il fait un rapport au tribunal sur le montant de l'indemnité à allouer aux syndics qui ont rendu leurs comptes de gestion. — Il est autorisé à entendre le failli, ses commis et employés, et toutes autres personnes, tant sur ce qui concerne la formation du bilan que sur les causes et les circonstances de la faillite. — Sur son rapport, le tribunal peut, à quelque époque que ce soit, avant l'homologation du concordat ou la formation de l'union, prononcer la clôture des opérations de la faillite, si elles se trouvent arrêtées par insuffisance de l'actif. — Voy. ART. 452, 453, 454, 462, 464, 465, 466, 467, 474, 477, 489, 527, 530, 547, 551, 578, 579, et ch. II, sect. II, § 1.

---

§ 2. — *Dispositions applicables sous la première époque.*

Le juge-commissaire est désigné parmi les membres du tribunal, par le jugement déclaratif de la faillite. — Le jugement qui fixe l'époque de la cessation de payements est rendu sur son rapport. — Il estime le cas où l'actif du failli pouvant être inventorié en un seul jour, il y a lieu de procéder immédiatement à l'inventaire, sans qu'il y ait apposition de scellés. — Sur son ordonnance, le trésor public fait l'avance des frais de jugement, de déclaration de la faillite, d'affiches et d'insertion de ce jugement dans les journaux, d'apposition des scellés, d'arrestation et d'incarcération du failli, quand les deniers appartenant à la faillite sont insuffisants. — Il convoque les créanciers présumés, immédiatement après le jugement déclaratif de la faillite, à se réunir dans un délai qui n'excède pas quinze jours. — Il consulte les créanciers présents à cette réunion, tant sur la composition de l'état des créanciers présumés, que sur la nomination de nouveaux syndics. — Il dresse un procès-verbal de leurs dires et observations, qu'il représente au tribunal, en même temps que son rapport. — Il peut, sur la demande des syndics, les dispenser de faire placer sous les scellés, ou les autoriser à en faire extraire : 1° les vêtements, hardes, meubles et effets nécessaires au failli et à sa famille, auxquels ils sont délivrés sur son autorisation; 2° les objets sujets à dépérissement prochain ou à dépréciation imminente; 3° les objets servant à l'exploitation du fonds de commerce, lorsque cette exploitation ne pourrait être interrompue sans préjudice pour les créanciers. — La vente des objets sujets à dépérissement ou à dépréciation imminente, ou dispendieux à conserver, et l'exploitation du fonds de commerce, ne peuvent avoir lieu à la diligence des syndics, que sur son autorisation. — Les syndics sont tenus de lui remettre le bordereau des effets de portefeuille à courte échéance, ou susceptibles d'acceptation, ou pour lesquels il faut faire des actes conservatoires. — Il juge de la validité des causes pour lesquelles le failli se fait représenter devant les syndics, pour clore et arrêter ses livres. — Voy. ART. 441, 451, 455, 461, 462, 469, 470, 471, 475, et ch. II, sect. III, § 1 et 3.

---

§ 3. — *Dispositions applicables sous la seconde époque.*

D'après l'état apparent des affaires du failli, le juge-commissaire peut proposer au tribunal sa mise en liberté avec sauf-conduit provisoire de sa personne. — Il reçoit des syndics, dans la quinzaine de leur entrée ou maintien en fonctions, un mémoire ou compte sommaire de l'état apparent de la faillite, de ses principales causes et circonstances, et des caractères qu'elle paraît avoir. — Il transmet immédiatement ce mémoire avec ses observations au procureur du roi, ou le prévient des causes qui ont empêché qu'il lui ait été remis dans les délais prescrits. — Il surveille le recouvrement des dettes actives par les syndics. — Il peut, le failli entendu ou appelé, autoriser les syndics à procéder à la vente des effets mobiliers et des marchandises. — Il décide si la vente se fera soit à l'amiable, soit aux enchères publiques. — Il détermine la classe d'officiers publics à employer à cet effet. — Les syndics ne peuvent transiger sur des contestations qui intéressent la masse relatives à des droits et actions mobiliers et immobiliers qu'avec son autorisation, le failli dûment appelé. — Il fixe les conditions du travail du failli, lorsque les syndics l'emploient pour faciliter et éclairer leur gestion. — Il indique les lieu, jour et heure où il doit être procédé à la vérification des créances. — Cette vérification est faite en sa présence. — Elle est continuée sans interruption à partir de l'expiration des délais accordés aux créanciers domiciliés en France pour la production de leurs titres — Il vérifie lui-même les créances des syndics.—Il dresse un procès-verbal de la vérification. — Ce procès-verbal indique le domicile des créanciers et de leurs fondés de pouvoirs; il contient la description sommaire des titres, mentionne les surcharges, ratures et interlignes, et exprime si la créance est admise ou contestée. — Il peut, même d'office, ordonner la représentation des livres du créancier, ou demander, en vertu d'un compulsoire, qu'il en soit rapporté un extrait fait par les juges du lieu. — Il vise la déclaration de l'admission des créances, signée des syndics. — Il reçoit dans la huitaine de la vérification, l'affirmation de chaque créancier, que sa créance est sincère et véritable. — En cas de contestation de créances, il peut, sans qu'il soit besoin de citation, renvoyer à bref délai devant le tribunal, qui juge sur son rapport; si le tribunal ordonne une enquête sur les faits, il procède à cette formalité en faisant citer devant lui les personnes qui peuvent lui fournir des renseignements. — Voy. ART. 472, 482, 485, 486, 487, 488, 493, 495, 496, 497, 498, et ch. II, sect. III, § 1.

---

§ 4. — *Dispositions applicables sous la troisième époque.*

Dans les trois jours qui suivent les délais prescrits pour l'affirmation, le juge-commissaire fait convoquer par le greffier, à l'effet de délibérer sur la formation d'un concordat, les créanciers dont les créances ont été vérifiées et affirmées, ou admises par provision. — Il fixe les lieu, jour et heure de cette assemblée. — Il la préside. — Il juge de la validité des motifs pour lesquels le failli se fait représenter à cette assemblée. — Il reçoit des syndics, signé par eux, un rapport sur l'état de la faillite, sur les formalités qui ont été remplies, et les opérations qui ont eu lieu. — Il dresse un procès-verbal de ce qui est dit et décidé dans l'assemblée. — Il fait signer, séance tenante, sous peine de nullité, le concordat qui a été convenu. — Si le traité n'est consenti que par la majorité en nombre, ou par la majorité des trois quarts en somme, il remet la délibération à huitaine pour tout délai. — Avant qu'il soit statué sur l'homologation, il fait un rapport au tribunal sur les caractères de la faillite, et sur l'admissibilité du concordat. — Dès que le jugement d'homologation est passé en force de chose jugée, les syndics rendent leurs comptes définitifs au failli, en sa présence, et il en dresse un procès-verbal. — Ses fonctions, dans ce cas, cessent dès cet instant. — S'il n'intervient pas de concordat et que l'union soit formée, il consulte immédiatement l'assemblée des créanciers, tant sur les faits de la gestion, que sur l'utilité du maintien ou du remplacement des syndics. — Il dresse un procès-verbal des dires et observations des créanciers, qu'il remet au tribunal. — C'est en sa présence que les syndics non maintenus rendent leurs comptes aux nouveaux syndics, le failli appelé. — Il assiste à la délibération par laquelle les créanciers unis donnent mandat aux syndics de continuer l'exploitation de l'actif. — C'est sous sa surveillance que les syndics liquident les dettes actives et passives, et poursuivent la vente des immeubles, marchandises et effets mobiliers du failli. — Son autorisation est nécessaire aux syndics pour transiger sur toutes espèces de droits appartenant au failli, et pour poursuivre la vente des immeubles, suivant les formes prescrites pour la vente des biens des mineurs. — Tout créancier peut s'adresser à lui pour provoquer une délibération de l'union, qui autorise les syndics à aliéner ou à traiter à forfait de tout ou partie des droits et actions dont le recouvrement n'a pas été opéré. — Il convoque les créanciers en état d'union, au moins une fois dans la première année, et, s'il y a lieu, dans les années suivantes. — Il les convoque une dernière fois lorsque la liquidation de la faillite est terminée. — Il dresse un procès-verbal de cette assemblée. — Chacun des créanciers peut faire consigner sur ce procès-verbal ses dires et observations. — Il le présente au tribunal, en même temps que son rapport sur les caractères et les circonstances de la faillite. — Il reçoit tous les mois des syndics un état de situation de la faillite et des deniers déposés à la caisse des dépôts et consignations. — Il ordonne, à son gré, une répartition entre les créanciers, en fixe la quotité, et veille à ce que tous les créanciers soient avertis. — Il peut ordonner que le versement soit fait directement par la caisse des dépôts et consignations entre les mains des créanciers de la faillite, sur un état de répartition dressé par les syndics et ordonnancé par lui. — Il ne prescrit aucune répartition entre les créanciers domiciliés en France, qu'il ne soit mis en réserve une part correspondante aux créances pour lesquelles les créanciers domiciliés hors du territoire continental de la France sont portés au bilan; lorsque ces créances ne lui paraissent pas portées d'une manière exacte, il peut décider que la réserve sera augmentée, sauf aux syndics à se pourvoir contre sa décision. — La réserve demeure à la caisse des dépôts et consignations, jusqu'à l'expiration du délai accordé aux créanciers non domiciliés en France. — Elle est répartie entre les créanciers reconnus, si les créanciers domiciliés en pays étrangers ne font pas vérifier leurs créances. — En cas d'impossibilité de représenter le titre constitutif de créance, il autorise les syndics à payer sur le vu du procès-verbal de vérification. — Lorsqu'il est nommé par le jugement du tribunal de commerce qui prononce l'annulation ou la résolution du concordat, ses fonctions s'appliquent aux mêmes formalités que celles qu'il lui est prescrit de remplir dans les cas ordinaires. — Voy. ART. 489, 504, 505, 506, 509, 514, 519, 522, 529, 532, 534, 535, 536, 537, 538, 566, 567, 568, 569, 570, 572, et ch. II, sect. III, § 1.

---

§ 5. — *Dispositions applicables en cas de banqueroute simple.*

Néant.

---

§ 6. — *Dispositions applicables en cas de banqueroute frauduleuse.*

Lorsque le juge-commissaire est nommé par le tribunal de commerce sur le vu de l'arrêt de condamnation du failli pour banqueroute frauduleuse, prononcé après l'homologation du concordat, ses fonctions s'appliquent, à l'égard des anciens et des nouveaux créanciers, aux mêmes formalités que celles qui lui sont prescrites pour les cas ordinaires. — Voy. ART. 522, 523, 524, et ch. II, sect. III, § 1, 2, 3 et 4.

---

§ 7. — *Dispositions applicables en cas de réhabilitation.*

Néant.

SECTION QUATRIÈME.

DROITS ET DEVOIRS DES SYNDICS.

---

§ 1er. — *Dispositions applicables sous toutes les phases de la procédure.*

Aucun parent ou allié du failli, jusqu'au quatrième degré inclusivement, ne peut être nommé syndic. — Le nombre des syndics peut, à toutes les époques, être porté jusqu'à trois. — Ils peuvent être remplacés par le tribunal de commerce, suivant les formes déterminées. — Lorsqu'il y a lieu de procéder à l'adjonction ou au remplacement d'un ou plusieurs syndics, il en est référé au tribunal par le juge-commissaire. — Ils peuvent être choisis parmi les personnes étrangères à la masse. — Ils ont droit à recevoir, quelle que soit leur qualité, après avoir rendu compte de leur gestion, une indemnité arbitrée par le tribunal sur le rapport du juge-commissaire. — S'il a été nommé plusieurs syndics, ils ne peuvent agir que collectivement; néanmoins, le juge-commissaire peut donner à un ou plusieurs d'entre eux, des autorisations spéciales, à l'effet de faire séparément certains actes d'administration; dans ce cas, les syndics autorisés sont seuls responsables. — A partir du jugement déclaratif de la faillite, ce n'est que contre eux que toute action mobilière et immobilière peut être suivie ou intentée, de même que toute voie d'exécution, tant sur les meubles que sur les immeubles. — Ils reçoivent, et ouvrent devant lui, s'il est présent, la correspondance du failli. — Ils proposent au juge-commissaire une allocation de secours alimentaires pour le failli et sa famille sur l'actif de la faillite. — Ils doivent communication au ministère public, sur sa réquisition, de tous les actes, livres, titres et papiers relatifs à la faillite. — Ils doivent verser immédiatement à la caisse des dépôts et consignations, les deniers provenant des ventes et des recouvrements, sous la déduction des sommes arbitrées par le juge-commissaire pour le montant des dépenses et frais. — Dans les trois jours des recettes, ils justifient au juge-commissaire du versement qu'ils ont fait; en cas de retard, ils doivent les intérêts des sommes qu'ils n'ont pas versées.—Ils peuvent, avec l'autorisation du juge-commissaire, retirer les gages dont sont nantis les créanciers, en remboursant la dette.—Dans le cas où le gage est vendu par le créancier, moyennant un prix qui excède la créance, ils recouvrent le surplus.—Ils présentent au juge-commissaire l'état des créanciers se prétendant prévilégiés sur les biens meubles, et se font, s'il y a lieu, autoriser par lui à les payer sur les premiers deniers rentrés.—Ils peuvent, également avec l'autorisation du juge-commissaire, admettre les demandes en revendication. — Ils peuvent aussi, avec autorisation, exiger la livraison des marchandises vendues au failli, ni livrées, ni expédiées, en payant au vendeur le prix convenu. — Les décisions du juge-commissaire sur les réclamations élevées contre quelqu'une de leurs opérations sont exécutoires par provision. — Ils présentent au tribunal, en la chambre du conseil, leurs explications au sujet des réclamations portées contre eux par le failli ou des créanciers. — Le syndic créancier de la faillite, qui stipule avec le failli ou avec d'autres personnes des avantages particuliers à raison de son vote dans les délibérations, ou qui fait un traité particulier duquel résulte un avantage en sa faveur à la charge de l'actif, est puni correctionnellement d'un emprisonnement qui ne peut excéder deux années, et d'une amende qui ne peut être au-dessus de 2,000 francs. — Le syndic qui se rend coupable de malversation dans sa gestion est puni correctionnellement des peines portées en l'art. 446 de Code pénal. — Voy. ART. 443, 462, 463, 464, 465, 466, 467, 471, 474. 483, 489, 530, 547, 548, 551, 578, 579, 596, 597, et ch. II, sect. II, § 1er.

---

§ 2. — *Dispositions applicables sous la première époque.*

Les syndics sont nommés par le jugement du tribunal de commerce qui déclare la faillite. — Ils n'ont, sous cette phase de la procédure, qu'un caractère provisoire. — Ils sont chargés, concurremment avec le ministère public, de l'exécution des dispositions du jugement qui ordonne le dépôt de la personne du failli dans une maison d'arrêt pour dettes ou la garde de sa personne. — Ils requièrent le juge de paix de procéder à l'apposition des scellés sur les magasins, comptoirs, caisses, portefeuilles, livres, papiers, meubles et effets du failli, si cela n'a été fait. — Sur leur demande, le juge-commissaire peut les autoriser à dispenser des scellés ou à en faire extraire : 1° les vêtements, hardes, meubles et effets nécessaires au failli et à sa famille; 2° les objets sujets à dépérissement prochain ou à dépréciation imminente; 3° les objets servant à l'exploitation du fonds de commerce, lorsque l'exploitation ne peut être interrompue sans préjudice pour les créanciers. Les objets compris dans les deux premiers numéros sont de suite inventoriés et prisés par les syndics, en présence du juge de paix, qui signe le procès-verbal. — Ils peuvent, avec l'autorisation du juge-commissaire, continuer l'exploitation du fonds de commerce, et vendre les objets sujets à dépérissement ou à dépréciation imminente, ou dispendieux à conserver. — Les livres extraits des scellés et arrêtés par le juge de paix, qui en constate l'état, sont remis entre leurs mains, ainsi que les effets de portefeuille à courte échéance ou susceptibles d'acceptation, ou pour lesquels il faut faire des actes conservatoires. — Ils font le recouvrement des créances de toute nature sur leur quittance, et remettent au juge-commissaire un bordereau des effets de portefeuille qu'ils reçoivent du juge de paix. — Ils appellent le failli auprès d'eux pour clore et arrêter ses livres en sa présence; s'il ne se rend pas à l'invitation, ils le somment de comparaître dans les quarante-huit heures au plus tard; il peut comparaître par fondé de pouvoirs, s'il justifie de causes d'empêchement reconnues valables par le juge-commissaire. — Dans le cas où le bilan n'a pas été déposé par le failli, ils le dressent immédiatement, à l'aide des livres et papiers du failli et des renseignements qu'ils se procurent; ils le déposent au greffe. — Ils sont tenus de faire tous actes pour la conservation des droits du failli contre ses débiteurs. — Ils requièrent l'inscription aux hypothèques sur les immeubles des débiteurs du failli, si elle n'a pas été requise. — Cette inscription est prise au nom de la masse. — Les syndics joignent aux bordereaux un certificat constatant leur nomination. — Ils prennent aussi inscription, au nom de la masse des créanciers, sur les immeubles du failli dont ils connaissent l'existence. — L'inscription est faite sur un simple bordereau énonçant qu'il y a faillite, et relatant la date du jugement par lequel ils ont été nommés. — Voy. ART. 458, 460, 462, 468, 469, 470, 471, 475, 476, 490, et ch. II, sect. IV, § 1 et 3.

§ 3. — *Dispositions applicables sous la deuxième époque.*

Les syndics dont les fonctions commencent à cette phase de la procédure ont un caractère définitif. — Ils sont nommés par le tribunal sur le vu du procès-verbal de l'assemblée des créanciers présumés et sur rapport du juge-commissaire. — Ils continuent l'exploitation du fonds de commerce, si cette exploitation ne peut être interrompue sans préjudice pour les créanciers. — Dans les trois jours de leur entrée en fonctions, ils requièrent la levée des scellés, et procèdent à l'inventaire des biens du failli, qui doit être présent ou dûment appelé. — Cet inventaire est dressé en double minute, à mesure que les scellés sont levés, en présence du juge de paix qui le signe à chaque vacation. — L'une de ces minutes est déposée au greffe du tribunal dans les vingt-quatre heures; l'autre reste entre leurs mains. — Ils peuvent se faire aider pour la rédaction de cet acte, comme pour l'estimation des objets, par qui ils jugent convenable; ils y font le récolement des objets qui n'auraient pas été mis sous les scellés et qui auraient déjà été inventoriés et prisés. — L'inventaire terminé, les marchandises, l'argent, les titres actifs, les livres et papiers, meubles et effets du débiteur, leur sont remis, et ils s'en chargent au bas de l'acte. — Ils continuent de procéder, sous la surveillance du juge-commissaire, au recouvrement des dettes actives. — Dans la quinzaine de leur entrée ou maintien en fonctions, ils sont tenus de remettre au juge-commissaire un mémoire ou compte sommaire de l'état apparent de la faillite, de ses principales causes et circonstances, et des caractères qu'elle paraît avoir; en cas de retard, ils en indiquent les causes. — Ils procèdent à la vente des effets mobiliers et marchandises, le failli appelé ou dûment entendu, avec l'autorisation du juge-commissaire, qui décide si la vente sera faite à l'amiable ou aux enchères publiques. — Ils ont le choix, dans la classe d'officiers publics déterminée, de celui dont ils veulent employer le ministère. — Ils peuvent également, avec l'autorisation du juge-commissaire, et le failli dûment appelé, transiger sur toutes contestations qui intéressent la masse, même sur celles qui sont relatives à des droits et actions immobiliers. — Si l'objet de la transaction est d'une valeur indéterminée ou qui excède 300 francs, la transaction n'est obligatoire qu'après avoir été homologuée par le tribunal de commerce, pour les transactions relatives à des droits mobiliers, et par le tribunal civil pour les transactions relatives à des droits immobiliers. — Ils appellent le failli à l'homologation. — Quand celui-ci se trouve libre, ils peuvent l'employer pour faciliter et éclairer leur gestion. — Ils sont tenus, à compter de leur entrée en fonctions, de faire tous actes pour la conservation des droits du failli contre ses débiteurs, des droits de la masse contre le failli, que les syndics provisoires n'ont pas faits. — Ils peuvent recevoir des créanciers, sur récipissé, leurs titres de créance avec un bordereau indicatif des sommes qu'ils réclament. — Les créances sont vérifiées contradictoirement entre eux et le creancier ou son fondé de pouvoirs, en la présence du juge-commissaire, qui vérifie lui-même leurs propres créances. — Ils signent, sur chacun des titres des créances admises, une déclaration d'admission, contenant indication de la somme et la date. — Cette déclaration doit être visée par le juge-commissaire. — Lorsqu'une contestation de créance est portée devant le tribunal civil, et que le tribunal de commerce décide qu'il sera passé outre à la convocation de l'assemblée pour la formation du concordat, le tribunal civil saisi juge à bref délai sur leur requête, signifiée au créancier contesté, et sans autre procédure, si la créance sera admise par provision, et pour quelle somme. — Voy. ART. 462, 470, 479, 480, 482, 484, 485, 486, 487, 488, 490, 492, 493, 497, 500, et ch. II, sect. IV, § 1 et 2.

---

§ 4. — *Dispositions applicables sous la troisième époque.*

Les syndics font, à l'assemblée des créanciers appelés à délibérer sur la formation du concordat, un rapport sur l'état de la faillite, sur les formalités qui ont été remplies et les opérations qui ont eu lieu. — Ce rapport doit être signé par eux et remis au juge-commissaire. — Ils doivent recevoir signification des oppositions faites au concordat. — S'il n'a été nommé qu'un syndic, et qu'il se rende opposant, il doit provoquer la nomination d'un nouveau syndic qui défend à son opposition. — Ils peuvent poursuivre l'homologation du concordat. — Ils font inscrire aux hypothèques le jugement d'homologation, à moins qu'il n'en ait été décidé autrement par le concordat. — Aussitôt après que le jugement d'homologation est passé en force d chose jugée, leurs fonctions cessent, et ils rendent, en présence du juge-commissaire, leur compte définitif au failli, auquel, sur sa décharge, ils remettent l'universalité de ses biens, livres, papiers et effets. — Dans le cas où ils sont nommés par le jugement du tribunal de commerce, qui prononce l'annulation ou la résolution du concordat, ils doivent, sans retard, faire apposer les scellés, procéder, avec l'assistance du juge de paix, sur l'ancien inventaire, au récolement des valeurs, actions et papiers ; dresser, s'il y a lieu, un inventaire et un bilan supplémentaires ; enfin faire afficher et insérer dans les journaux un extrait du jugement qui les nomme, et une invitation aux créanciers nouveaux, s'il en existe, de produire, dans le délai de vingt jours, leurs titres de créance à la vérification. — Lorsque les créanciers sont en état d'union, le tribunal, sur le vu du procès-verbal des dires et observations des créanciers, statue sur leur maintien ou leur remplacement. — Les syndics non maintenus doivent rendre leur compte aux nouveaux syndics, en présence du juge-commissaire, le failli dûment appelé. — Les syndics institués représentent la masse des créanciers, et sont chargés de procéder à la liquidation ; néanmoins, les créanciers peuvent leur donner un mandat pour continuer l'exploitation de l'actif. — La délibération qui leur confère ce mandat en détermine la durée et l'étendue, et fixe les sommes qu'ils peuvent garder entre les mains à l'effet de pourvoir aux frais et dépenses ; l'opposition faite contre cette délibération n'est pas suspensive de son exécution. — Ils poursuivent la vente des immeubles, marchandises et effets du failli, la liquidation de ses dettes actives et passives, le tout sous la surveillance du juge-commissaire, et sans qu'il soit besoin d'appeler le failli. — Ils peuvent transiger sur toute espèce de droits appartenant au failli, nonobstant opposition de sa part. — Leurs transactions, pour être obligatoires, doivent être homologuées conformément à l'art. 487. — Ils rendent des comptes de gestion à chaque assemblée des créanciers que convoque le juge-commissaire, et sont continués ou remplacés dans l'exercice de leurs fonctions, suivant les formes prescrites. — La liquidation de la faillite terminée, ils rendent leurs comptes définitifs à l'assemblée des créanciers, le failli présent ou dûment appelé. — Dans le cours de leurs fonctions, ils remettent, tous les mois, au juge-commissaire un état de situation de la faillite et des deniers déposés à la caisse des dépôts et consignations. — Ils peuvent se pourvoir devant le tribunal contre la décision du juge-commissaire relative à la réserve de la part afférente, dans les répartitions, aux créanciers domiciliés en pays étranger. — S'il existe des oppositions à la caisse des dépôts et consignations, ils en poursuivent la main-levée. — Ils retirent de cette caisse les sommes déposées, sur une ordonnance du juge-commissaire: — Ils payent les créanciers sur la représentation du titre constitutif de la créance; ils mentionnent sur ce titre la somme payée; si le titre ne peut être représenté, le payement a lieu, après autorisation du juge-commissaire, sur le vu du procès-verbal de vérification. — Ils reçoivent quittance des créanciers en marge de l'état de répartition. — Ils font tous les actes nécessaires pour aliéner ou traiter à forfait des droits et actions dont le recouvrement n'a pas été opéré, quand l'union y est autorisée. — Ils poursuivent, avec l'autorisation du juge-commissaire, la vente des immeubles, suivant les formes prescrites pour la vente des biens des mineurs. — Après adjudication des immeubles sur leurs poursuites, la surenchère doit être faite dans la quinzaine; elle ne peut être au-dessous du dixième du prix principal; elle est faite au greffe du tribunal civil, et toute personne est admise à surenchérir. — Voy. ART. 489, 506, 512, 513, 517, 519, 522, 529, 532, 534, 535, 536, 537, 566, 567, 569, 570, 572, 573, et ch. II, sect. IV, § 1, 2 et 3.

---

§ 5. — *Dispositions applicables en cas de banqueroute simple.*

Les syndics ne peuvent intenter de poursuite en banqueroute simple ni se porter partie civile au nom de la masse, qu'après y avoir été autorisés par une délibération prise à la majorité individuelle des créanciers présents. — Dans tous les cas de poursuite et de condamnation pour banqueroute simple, les actions civiles et celles relatives aux biens restent séparées, et ne peuvent être attribuées ni évoquées aux tribunaux de police correctionnelle. — Ils sont tenus de remettre au ministère public les pièces, titres, papiers et renseignements qui leur sont demandés. — Pendant le cours de l'instruction, les pièces, titres et papiers qu'ils ont délivrés sont tenus en état de communication par la voie du greffe. — Ils peuvent prendre des extraits privés, ou en requérir d'authentiques expédiés par le greffier. — Ils reçoivent, sur leur décharge, les pièces, titres et papiers dont le dépôt judiciaire n'a pas été ordonné. — Voy. ART. 584, 589, 601, 602, 603, et ch. II, sect. IV, § 1er.

§ 6. — *Dispositions applicables en cas de banqueroute frauduleuse.*

Lorsqu'ils sont nommés par le tribunal de commerce, sur le vu de l'arrêt de condamnation pour banqueroute frauduleuse, prononcé après l'homologation du concordat, les syndics font apposer les scellés. — Ils procèdent, avec l'assistance du juge de paix, au récolement, sur l'ancien inventaire, des valeurs, actions et papiers. — Ils dressent, s'il y a lieu, un inventaire et un bilan supplémentaires. — Ils font afficher et insérer dans les journaux un extrait du jugement qui les nomme, et une invitation aux créanciers nouveaux, s'il en existe, de produire, dans le délai de vingt jours, leurs titres de créances à la vérification. — Dans tous les cas de poursuite et de condamnation, les actions civiles ne peuvent être attribuées ni évoquées aux cours d'assises. — Ils remettent au ministère public les pièces, titres, papiers et renseignements qui leur sont demandés. — La communication et la restitution de ces pièces leur sont faites comme il vient d'être dit au cas de banqueroute simple. — Voy. ART. 522, 601, 602, 603, et ch. II, sect. IV, § 5.

§ 7. — *Dispositions applicables en cas de réhabilitation.*

Néant.

SECTION CINQUIÈME.

DROITS ET DEVOIRS DES CRÉANCIERS ORDINAIRES.

§ 1er. — *Dispositions applicables sous toutes les phases de la procédure.*

Le jugement déclaratif de la faillite rend exigibles à l'encontre du failli les créances non échues; il arrête, à l'égard de la masse seulement, le cours des intérêts de toute créance non garantie par un privilége, par un nantissement ou par une hypothèque; les intérêts des créances garanties ne peuvent être réclamés que sur les sommes provenant des biens affectés au privilége, à l'hypothèque ou au nantissement. — Sont nuls et sans effet relativement à la masse des créanciers, lorsqu'ils ont été faits par le débiteur depuis l'époque déterminée par le tribunal comme étant celle de la cessation de ses payements, ou dans les dix jours qui ont précédé cette époque, tous actes translatifs de propriétés mobilières ou immobilières à titre gratuit; tous payements, soit en espèces, soit par transport, vente, compensation ou autrement pour dettes non échues, et pour dettes échues, tous payements faits autrement qu'en espèces ou effets de commerce; toute hypothèque conventionnelle ou judiciaire, et tous droits d'antichrèse ou de nantissement constitués sur les biens du débiteur pour dettes antérieurement contractées. — Tous autres payements faits par le débiteur pour dettes échues, et tous autres actes à titre onéreux par lui passés après la cessation de ses payements, et avant le jugement déclaratif de faillite, peuvent être annulés, si de la part de ceux qui ont reçu du débiteur, ou qui ont traité avec lui, ils ont eu lieu avec connaissance de la cessation de ses payements. — Tout créancier peut élever des réclamations, qu'il adresse au juge-commissaire ou qu'il porte devant le tribunal, contre quelqu'une des opérations des syndics, et demander la révocation d'un ou plusieurs d'eux. — Dans le cas où le tribunal prononce la clôture des opérations de la faillite, ce jugement fait rentrer chaque créancier dans l'exercice de ses actions individuelles, tant contre les biens que contre la personne du failli; pendant un mois, à partir de sa date, l'exécution de ce jugement est suspendue. — Tout créancier peut, à toute époque, le faire rapporter par le tribunal, en justifiant qu'il existe des fonds, ou en faisant consigner entre les mains des syndics somme suffisante. — Les frais des poursuites exercées doivent être préalablement acquittés. — A partir du jugement qui déclare la faillite, les créanciers ne peuvent poursuivre l'expropriation des immeubles sur lesquels ils n'ont pas d'hypothèque. — Le créancier qui stipule avec le failli ou avec toutes autres personnes des avantages particuliers à raison de son vote dans les délibérations de la faillite, ou qui fait un traité particulier, duquel résulte en sa faveur un avantage à la charge de l'actif, est puni correctionnellement d'un emprisonnement qui ne peut excéder une année, et d'une amende qui ne peut être au-dessus de 2,000 francs. Les conventions sont en outre déclarées nulles à l'égard de toutes personnes, et même du failli. — Le créancier est tenu de rapporter à qui de droit les sommes ou valeurs qu'il a reçues en vertu des conventions annulées. — Dans le cas où l'annulation des conventions est poursuivie par la voie civile, l'action est portée devant les tribunaux de commerce. — Dans tous les actes de la procédure en matière de faillite qui les concernent, les délais dont ils jouissent sont augmentés ainsi qu'il suit : 1° d'un jour par cinq myriamètres de distance entre leur domicile et le lieu où siége le tribunal ; 2° de deux mois s'ils sont domiciliés en Corse ou dans les pays limitrophes de la France ; 3° de quatre mois s'ils demeurent dans les autres États de l'Europe ; 4° de six mois s'ils sont domiciliés hors d'Europe et en deçà du cap de Bonne-Espérance ; 5° enfin, d'un an s'ils résident au delà. — Voy. ART. 444, 445, 446, 447, 467, 492, 527, 528, 571, 597, 598, 599, et ch. I, sect. II ; ch. II, sect. V, § 2, 3 et 4 ; et ch. III, sect. II et III.

---

§ 2. — *Dispositions applicables sous la première époque.*

Tout créancier d'un commerçant qui cesse ses payements, peut demander au tribunal de commerce la déclaration de sa faillite, alors même qu'il serait décédé, pourvu qu'il soit mort en état de cessation de payements ; dans ce cas, la déclaration de faillite ne peut être demandée que dans l'année qui suit le décès. — Le jugement qui déclare la faillite est exécutoire provisoirement. — Les créanciers peuvent intervenir au jugement qui détermine l'époque à laquelle a eu lieu la cessation de payements. — A défaut de détermination spéciale, la cessation de payements est réputée avoir lieu à partir du jugement déclaratif de la faillite. — Ils ne peuvent former de demande tendant à faire fixer la date de la cessation de payements à une époque autre que celle qui résulte du jugement déclaratif de faillite, ou d'un jugement postérieur, que dans les délais qui leur sont accordés pour la vérification de l'affirmation de leurs créances. — Ces délais expirés, l'époque de la cessation de payements demeure irrévocablement déterminée à leur égard. — Dans le cas de disparition du débiteur ou de détournement de tout ou partie de son actif, ils peuvent requérir le juge de paix d'apposer les scellés. — Les créanciers présumés sont convoqués par le juge-commissaire, immédiatement après le jugement qui déclare la faillite, à se réunir dans un délai qui n'excède pas quinze jours, pour être consultés, tant sur la composition de l'état des créanciers présumés, que sur la nomination de nouveaux syndics. — Leurs dires et observations sont consignés dans le procès-verbal de la réunion dressé par le juge-commissaire. — A partir du jugement déclaratif de la faillite, ils peuvent remettre au greffier leurs titres avec un bordereau indicatif des sommes par eux réclamées ; le greffier doit en donner récépissé, et en devient responsable pendant cinq années à partir du jour du procès-verbal de vérification. — Voy. ART. 437, 440, 441, 457, 462, 491, 581, et ch. II, sect. V, § 1 et 3.

---

§ 3. — *Dispositions applicables sous la deuxième époque.*

Les créanciers qui, à l'époque du maintien ou du remplacement des syndics, n'ont pas remis leurs titres, doivent, dans un délai de vingt jours, à partir de l'avertissement qui leur est donné par des insertions dans les journaux, se présenter en personne ou par fondés de pouvoirs aux syndics de la faillite, et leur remettre leurs titres, accompagnés d'un bordereau indicatif des sommes qu'ils ont à réclamer, si mieux ils n'aiment en faire le dépôt au greffe du tribunal de commerce. — Il leur en est donné récépissé. — Le délai dont ils jouissent, pour cette production, est augmenté ainsi qu'il est dit au § 1er de cette section. — Ils sont avertis des lieu, jour et heure indiqués par le juge-commissaire pour la vérification, et convoqués à cet effet, tant par insertions dans les journaux, que par lettres du greffier. — Les créances sont vérifiées contradictoirement entre le créancier ou son fondé de pouvoirs et les syndics, en présence du juge-commissaire, qui en dresse procès-verbal. — Tout créancier vérifié ou porté au bilan peut assister à la vérification des créances, et fournir des contredits aux vérifications faites et à faire. — Le procès-verbal de vérification indique le domicile des créanciers et de leurs fondés de pouvoirs; il contient la description sommaire des titres, et exprime si la créance est admise ou contestée. — Le juge-commissaire peut, d'office, ordonner la représentation des livres des créanciers, ou demander, en vertu d'un compulsoire, qu'il en soit rapporté un extrait fait par les juges du lieu. — La déclaration d'admission est portée sur chacun des titres de créances; elle est signée par les syndics et visée par le juge-commissaire. — Chaque créancier, dans la huitaine au plus tard, après que sa créance a été vérifiée, est tenu d'affirmer entre les mains du juge-commissaire, qu'elle est sincère et véritable. — En cas de contestation de créance, le juge-commissaire peut, sans qu'il soit besoin de citation, renvoyer à bref délai devant le tribunal de commerce. — Lorsque la contestation sur l'admission d'une créance a été portée devant le tribunal de commerce, et qu'il a été ordonné qu'il serait passé outre à la convocation de l'assemblée pour la formation du concordat, le tribunal peut décider par provision, que le créancier contesté sera admis dans les délibérations pour une somme qu'il détermine; si la contestation est portée devant un tribunal civil, et que le tribunal de commerce ait décidé qu'il serait passé outre à la convocation de l'assemblée, le tribunal civil, saisi de la contestation, juge à bref délai, sur requête des syndics, signifiée au créancier contesté, si la créance sera admise par provision, et pour quelle somme. — Dans le cas où la créance est l'objet d'une instruction criminelle ou correctionnelle, le créancier contesté ne peut prendre part aux opérations de la faillite, que les tribunaux n'aient statué. — A défaut de comparution et affirmation dans les délais qui leur sont applicables, les créanciers défaillants ne sont pas compris dans les répartitions; mais la voie de l'opposition, dont les frais restent à leur charge, leur est ouverte jusqu'à la complète distribution des deniers. — Leur opposition ne suspend pas les répartitions ordonnancées; s'il est procédé à des répartitions nouvelles avant qu'elle ne soit jugée, ils y sont compris pour une somme provisoirement déterminée par le tribunal, et qui est tenue en réserve jusqu'au jugement de leur opposition. — S'ils se font ultérieurement reconnaître créanciers, ils ne peuvent rien réclamer sur les répartitions faites, mais ils ont droit de prélever sur l'actif non réparti, les dividendes afférents à leurs créances dans les premières répartitions. — Voy. ART. 492,

493, 494, 495, 496, 497, 498, 499, 500, 503, et ch. II, sect. V, § 1, 2 et 4.

---

§ 4. — *Dispositions applicables sous la troisième époque.*

Dans les trois jours après l'expiration des délais prescrits pour l'affirmation, tous les créanciers dont les créances ont été vérifiées et affirmées ou admises par provision, sont convoqués par le greffier, à l'effet de délibérer sur la formation du concordat. — L'assemblée se forme sous la présidence du juge-commissaire; les créanciers doivent s'y présenter en personne ou par fondés de pouvoirs. — Le concordat ne peut avoir lieu que par le concours d'un nombre de créanciers formant la majorité, et représentant les trois quarts de la totalité des créances vérifiées et affirmées ou admises par provision. — Les créanciers hypothécaires inscrits ou dispensés d'inscriptions, privilégiés ou nantis de gage, n'ont voix dans la délibération qu'en renonçant à leurs hypothèques, gages ou priviléges. — Le vote emporte de plein droit cette renonciation. — Le concordat est, à peine de nullité, signé séance tenante. — S'il est consenti seulement par la majorité en nombre, ou celle des trois quarts en somme, la délibération est remise à huitaine pour tout délai; dans ce cas, les adhésions données à la première assemblée demeurent sans effet. — Tout créancier qui a pu concourir au concordat, ou dont les droits ont été reconnus depuis, peut y former opposition. — Cette opposition, sous peine de nullité, doit être motivée, signifiée au failli et aux syndics dans les huit jours de la date du concordat, et contenir assignation à la première audience du tribunal de commerce. — Si l'opposition est admise, l'annulation du concordat est prononcée à l'égard de tous les intéressés. — L'homologation du concordat peut être poursuivie par tout créancier. — Cette homologation le rend obligatoire pour tous les créanciers portés ou non au bilan, vérifiés ou non, domiciliés ou non domiciliés en France. — Elle conserve, à moins qu'il n'en ait été décidé autrement, son hypothèque à chacun des créanciers. — Aucune action en nullité de concordat n'est recevable après son homologation, que pour dol découvert depuis cette homologation, résultant de la dissimulation de l'actif ou de l'exagération du passif. — En cas d'inexécution par le failli des conditions de son concordat, la résolution peut en être poursuivie contre lui devant le tribunal de commerce, les cautions dûment appelées, s'il en existe. — Lorsque le concordat est annulé ou résolu après son homologation, les créanciers nouveaux, s'il y en a, doivent produire leurs titres de créances dans le délai de vingt jours. — La vérification en est faite sans retard. — Les créances antérieurement admises et affirmées sont réglées à raison des payements qui auraient eu lieu. — S'il n'intervient pas de nouveau concordat, les anciens créanciers rentrent dans l'intégralité de leurs droits à l'égard du failli seulement, déduction faite de ce qu'ils ont reçu. — S'il n'intervient point de concordat, les créanciers sont de plein droit en état d'union. — En ce cas, le juge-commissaire les consulte immédiatement, tant sur les faits de gestion, que sur l'utilité du maintien ou du remplacement des syndics. — Les créanciers hypothécaires, privilégiés ou nantis de gage, sont admis à cette délibération. — Le failli ne peut obtenir de secours sur l'actif de la faillite, qu'avec le consentement de la majorité des créanciers présents. — Lorsqu'une société est en faillite, les créanciers peuvent ne consentir de concordat qu'en faveur d'un ou plusieurs associés; en ce cas, tout l'actif social demeure sous le régime de l'union. — Les créanciers unis peuvent donner aux syndics un mandat pour continuer l'exploitation de l'actif. — La durée et l'étendue de ce mandat sont déterminées; la délibération qui le confère ne peut être prise qu'en présence du juge-commissaire et à la majorité des trois quarts des créanciers en nombre et en somme. — Les créanciers dissidents peuvent former opposition. — Si les opérations des syndics entraînent des engagements qui excèdent l'actif de l'union, les créanciers qui ont autorisé ces opérations sont seuls responsables, et contribuent au prorata de leurs créances. — Une autorisation du tribunal de commerce est nécessaire à l'union qui veut aliéner ou traiter à forfait de tout ou partie des droits et actions dont le recouvrement n'aurait pas été opéré. — Tout créancier peut s'adresser au juge-commissaire pour provoquer une délibération de l'union à cet égard. — Les créanciers en état d'union sont convoqués au moins une fois dans la première année, et, s'il y a lieu, dans les années suivantes, pour recevoir les comptes de gestion des syndics, et délibérer sur leur maintien ou leur remplacement. —

Lorsque la liquidation de la faillite est terminée, ils sont appelés à recevoir le compte définitif des syndics, et à donner leur avis sur l'excusabilité du failli.—Chacun d'eux peut consigner ses dires et observations dans le procès-verbal de l'assemblée. — Si le failli n'est pas déclaré excusable par le tribunal, ils rentrent dans l'exercice de leurs actions individuelles, tant contre sa personne que contre ses biens; s'il est déclaré excusable, il ne peut plus être poursuivi par eux que sur ses biens. — Le montant de l'actif mobilier, distraction faite de tous frais et des sommes payées aux créanciers privilégiés, est réparti entre tous les créanciers au marc le franc de leurs créances vérifiées et affirmées. — Lorsque les créanciers domiciliés en pays étranger ne font pas vérifier leurs créances dans les délais qui leur sont applicables, la réserve correspondante à ces créances, déposée à la caisse des dépôts et consignations, est repartie entre les créanciers reconnus. — Ils sont payés par les syndics, sur la représentation du titre constitutif de la créance; la somme payée est mentionnée sur le titre; en cas d'impossibilité de le représenter, le juge-commissaire autorise le payement sur le vu du procès-verbal de vérification. — Dans tous les cas, ils donnent quittance en marge de l'état de répartition. — Ils peuvent, sur une ordonnance du juge-commissaire, être payés directement par la caisse des dépôts et consignations. — Voy. ART. 489, 502, 504, 505, 507, 508, 509, 512, 513, 516, 517, 518, 520, 522, 523, 526, 529, 530, 531, 532, 533, 536, 537, 539, 565, 568, 569, 570, et ch. II, sect. V, § 1; ch. III, sect. I, II et III.

---

§ 5. — *Dispositions applicables en cas de banqueroute simple.*

Lorsque le failli est poursuivi pour banqueroute simple, les créanciers peuvent surseoir à délibérer sur un concordat, jusqu'après l'issue des poursuites. — Ce sursis ne peut être prononcé qu'à la majorité en nombre et en somme voulue par l'art. 507. — Le concordat peut être formé même en cas de condamnation du failli. — Un créancier peut exercer des poursuites; dans ce cas, les frais sont à sa charge s'il y a acquittement. — Les syndics ne peuvent intenter de poursuite ni se porter partie civile au nom de la masse, qu'après y avoir été autorisés par une délibération prise à la majorité individuelle des créanciers présents. — Les frais de poursuite intentée par les syndics, au nom des créanciers, sont supportés par la masse, s'il y a acquittement. — Voy. ART. 510, 511 584, 588, 589, 590, et ch. II, sect. V, § 5.

§ 6. — *Dispositions applicables en cas de banqueroute frauduleuse.*

Lorsqu'une instruction en banqueroute frauduleuse a été commencée, les créanciers sont convoqués à l'effet de décider s'ils sursoient à statuer sur un concordat jusqu'après l'issue des poursuites. — Ce sursis ne peut être prononcé qu'à la majorité en nombre et en somme déterminée par l'art. 507. — Si le failli a été condamné comme banqueroutier frauduleux, le concordat ne peut pas être formé. — La condamnation prononcée après que le concordat a été homologué, l'annule de plein droit. — En ce cas, les créanciers nouveaux, s'il en existe, doivent, dans le délai de vingt jours, produire leurs titres à la vérification. — Il n'y a pas lieu à nouvelle vérification des créances antérieurement admises et affirmées. — Les actes faits par le failli postérieurement au jugement d'homologation, et antérieurement à l'annulation, ne sont annulés qu'en cas de fraude aux droits des créanciers. — Les frais de poursuite en banqueroute frauduleuse ne peuvent, en aucun cas, être mis à la charge de la masse; si un ou plusieurs créanciers se sont rendus parties civiles en leur nom personnel, les frais, en cas d'acquittement, demeurent à leur charge. — Voy. ART. 510, 522, 523, 525, 592, et ch. II, sect. V, § 4.

§ 7. — *Dispositions applicables en cas de rehabilitation.*

Tout créancier qui n'a pas été payé intégralement de sa créance en principal, intérêts et frais, peut, pendant la durée de l'affiche, former opposition à la réhabilitation par simple acte au greffe du tribunal de commerce, appuyé des pièces justificatives; le créancier opposant ne peut jamais être partie dans la procédure. — Voy. ART. 608, ch. II, sect. I, § 7.

CHAPITRE III.

DROITS ET DEVOIRS

DES CO-OBLIGÉS ET DES CAUTIONS; DES CRÉANCIERS NANTIS DE GAGE ET PRIVILÉGIÉS SUR LES BIENS MEUBLES; DES CRÉANCIERS HYPOTHÉCAIRES ET PRIVILÉGIÉS SUR LES BIENS IMMEUBLES; DES FEMMES; DES REVENDIQUANTS ET DES TIERS.

Objet et division de ce chapitre.

Ce chapitre est consacré aux règles par lesquelles la législation spéciale des faillites trace, à l'égard des personnes qui peuvent intervenir, d'une manière *accessoire*, dans une procédure de faillite ouverte, des exceptions aux droits que la loi commune leur accorde.

Il sera divisé en six sections.

SECTION PREMIÈRE.

DROITS ET DEVOIRS DES CO-OBLIGÉS ET DES CAUTIONS.

En cas de faillite du souscripteur d'un billet à ordre, de l'accepteur d'une lettre de change ou du tireur à défaut d'acceptation, les autres obligés sont tenus de donner caution pour le payement à l'échéance, s'ils n'aiment mieux payer immédiatement. — Dans le cas où des lettres de change ont été payées après l'époque fixée comme étant celle de la cessation de payements, et avant le jugement déclaratif de faillite, l'action en rapport ne peut être intentée que contre celui pour le compte duquel la lettre de change a été fournie. — S'il s'agit d'un billet à ordre, l'action ne peut être exercée que contre le premier endosseur. — Dans l'un et l'autre cas, la preuve que celui à qui on demande le rapport avait connaissance de la cessation de payements, à l'époque de l'émission du titre, doit être fournie. — L'annulation du concordat, soit pour dol, soit par suite de condamnation pour banqueroute frauduleuse, intervenue après son homologation, libère de plein droit les cautions. — En cas de poursuite en résolution du concordat pour inexécution des conditions par le failli, les cautions doivent être dûment appelées. — La résolution qui en est prononcée ne libère pas les cautions qui en ont garanti l'exécution totale ou partielle. — Le créancier porteur d'engagements souscrits, endossés ou garantis solidairement par le failli et d'autres co-obligés qui sont en faillite, participe aux distributions dans toutes les masses, et y figure pour la valeur nominale de son titre jusqu'à parfait payement. — Aucun recours pour raison des dividendes payés n'est ouvert aux faillites des co-obligés les unes contre les autres, si ce n'est lorsque la réunion des dividendes que donneraient ces faillites, excéderait le montant total de la créance, en principal et accessoires; auquel cas cet excédant est dévolu, suivant l'ordre des engagements, à ceux des co-obligés qui ont les autres pour garants. — Si le créancier porteur d'engagements solidaires entre le failli et d'autres co-obligés a reçu, avant la faillite, un à-compte sur sa créance, il n'est compris dans la masse que sous la déduction de cet à-compte, et conserve, pour ce qui lui reste dû, ses droits contre le co-obligé ou la caution. — Le co-obligé ou la caution qui a fait le payement partiel est compris dans la même masse pour tout ce qu'il a payé à la décharge du failli. — Nonobstant le concordat, les créanciers conservent leur action pour la totalité de leur créance contre les co-obligés du failli. — Voy. ART. 444, 449, 520, 542, 543, 544, 545, et ch. II, sect. V, § 1, 2, 3 et 4.

SECTION DEUXIÈME.

DROITS ET DEVOIRS DES CRÉANCIERS NANTIS DE GAGE ET PRIVILÉGIÉS SUR LES BIENS MEUBLES.

Les priviléges généraux et spéciaux sur les biens meubles sont énoncés et classés dans les articles 2101 et 2102 du Code civil. — Les créanciers nantis de gages et privilégiés sur les biens meubles sont tenus des mêmes obligations que les créanciers chirographaires pour la vérification et l'affirmation de leurs créances. — Le jugement déclaratif de faillite arrête, à l'égard de la masse seulement, le cours des intérêts de toute créance non garantie par un privilége, par un nantissement ou par une hypothèque. — Les intérêts des créances garanties ne peuvent être réclamés que sur les sommes provenant des biens affectés au privilége. — Toutes voies d'exécution pour parvenir au payement des loyers sur les effets mobiliers servant à l'exploitation du commerce du failli, doivent être suspendues durant trente jours, à partir du jugement déclaratif de faillite, sans préjudice de toutes mesures conservatoires et du droit que se serait réservé le propriétaire de reprendre possession des lieux loués; en ce cas, la suspension des voies d'exécution cesse de plein droit. — Le trésor public est remboursé par privilége sur les premiers recouvrements, sans préjudice du privilége du propriétaire, des frais dont il a fait l'avance sur ordonnance du juge-commissaire. — Le créancier dont le privilége seulement est contesté est admis dans les délibérations de la faillite comme créancier ordinaire. — Le créancier nanti d'un gage ou privilégié n'a pas voix, pour sa créance, dans les opérations relatives au concordat, à moins qu'il ne renonce à son gage ou privilége; le vote au concordat emporte, de plein droit, cette renonciation. — En cas d'union, les créanciers privilégiés ou nantis d'un gage participent à toutes les délibérations de la masse. — Les créanciers du failli valablement nantis de gages ne sont inscrits dans la masse que pour mémoire; leurs gages peuvent, à toute époque, être retirés par les syndics, avec l'autorisation du juge-commissaire, en remboursant la dette. — Lorsque le gage est vendu par le créancier moyennant un prix qui excède la créance, le surplus doit être remis aux syndics; si le prix est moindre que la créance, le créancier nanti vient à contribution dans la masse pour le surplus, comme créancier ordinaire. — Le salaire acquis aux ouvriers employés directement par le failli pour le mois, et le salaire dû aux commis pour les six mois qui ont précédé la déclaration de faillite, sont admis au nombre des créances privilégiées, au même rang que le privilége établi par l'art. 2101 du Code civil pour le salaire des gens de service. — Les créanciers privilégiés sur les biens meubles peuvent être payés par les syndics, avec l'autorisation du juge-commissaire, sur les premiers deniers rentrés. — Dans le cas où ils ne viennent pas en ordre utile, ils sont considérés comme chirographaires, et soumis, comme tels, aux effets du concordat et de toutes les opérations de la masse chirographaire. — Les contestations sur gages et privilé-ges sur les biens meubles sont de la compétence du tribunal de commerce. — Voy. ART. 445, 450, 461, 501, 508, 529, 546, 547, 548, 549, 551, 556, et ch. II, sect. V, § 1, 2, 3 et 4.

SECTION TROISIÈME.

DROITS ET DEVOIRS DES CRÉANCIERS HYPOTHÉCAIRES ET PRIVILÉGIÉS SUR LES IMMEUBLES.

Les priviléges qui s'étendent sur les immeubles sont énumérés aux articles 2101 et 2103 du Code civil. — Les créanciers hypothécaires et privilégiés sur les immeubles doivent, comme les créanciers chirographaires, faire vérifier et affirmer leurs créances. — Le jugement déclaratif de faillite arrête, à l'égard de la masse seulement, le cours des intérêts de toute créance non garantie par un privilége, par un nantissement ou une hypothèque. — Les intérêts des créances garanties ne peuvent être réclamés que sur les sommes provenant des biens affectés au privilége. — Sont nuls et sans effet relativement à la masse toute hypothèque conventionnelle ou judiciaire, et tous droits d'antichrèse ou de nantissement constitués, pour dettes antérieurement contractées, sur les biens du débiteur depuis l'époque déterminée par le tribunal, comme étant celle de la cessation de ses payements, ou dans les dix jours qui l'on précédée. — Les droits d'hypothèque et de privilége valablement acquis peuvent être inscrits jusqu'au jour du jugement déclaratif de la faillite ; néanmoins, ces inscriptions, prises après l'époque de la cessation de payements, ou dans les dix jours qui précèdent, peuvent être déclarées nulles, s'il s'est écoulé plus de quinze jours entre la date de l'acte constitutif du privilége et celle de l'inscription ; ce délai est augmenté d'un jour à raison de cinq myriamètres de distance entre le lieu où le droit d'hypothèque est acquis, et le lieu où l'inscription est prise. — Le créancier dont l'hypothèque seulement est contestée est admis dans les délibérations de la faillite comme créancier ordinaire. — Les créanciers hypothécaires inscrits ou dispensés d'inscription n'ont pas voix dans les opérations relatives au concordat pour ces créances, à moins qu'ils ne renoncent à leurs hypothèques ;

le vote au concordat emporte de plein droit cette renonciation. — En cas d'union, les créanciers hypothécaires et privilégiés sur les immeubles participent à toutes les délibérations de la masse. — Lorsque la distribution du prix des immeubles et celle du prix des meubles sont faites simultanément, les créanciers privilégiés ou hypothécaires, pourvu que leurs créances aient été vérifiées et affirmées, non remplis sur le prix des immeubles, concourent avec les créanciers chirographaires. — Si une distribution des deniers mobiliers précède la distribution du prix des immeubles, les créanciers privilégiés et hypothécaires, vérifiés et affirmés, participent aux répartitions; mais après la vente des immeubles, et le réglement définitif de l'ordre, ceux qui viennent en rang utile, pour la totalité de leur créance, ne touchent le montant de leur collocation que sous la déduction des sommes qu'ils ont perçues dans la masse chirographaire; les droits de ceux qui ne sont colloqués que partiellement sont réglés d'après les sommes dont ils restent créanciers après leur collocation immobilière; les deniers qu'ils ont touchés au delà de cette proportion leur sont retenus et reversés à la masse. — Les créanciers qui ne viennent point en ordre utile sont considérés comme chirographaires, et soumis, comme tels, aux effets du concordat et de toutes les opérations de la masse chirographaire. — Les créanciers hypothécaires peuvent, nonobstant le jugement qui déclare la faillite, poursuivre l'expropriation des immeubles. — Voy. ART. 445, 446, 448, 501, 508, 529, 552, 553, 554, 555, 556, 571, et ch. II, sect. V, § 1, 2, 3 et 4.

SECTION QUATRIÈME.

DROITS ET DEVOIRS DES FEMMES.

Les restrictions apportées aux droits de la femme par la loi du 28 mai 1838 ne sont établies qu'en faveur des créanciers du mari. — En cas de faillite de son mari, la femme dont les apports en immeubles ne se trouvent pas mis en communauté reprend en nature ces immeubles, ainsi que ceux qui lui sont survenus par succession ou par donation entre-vifs ou testamentaire. —Elle reprend pareillement les immeubles acquis par elle et en sonnom des deniers provenant desdites successions et donations, pourvu que la déclaration d'emploi soit expressément stipulée au contrat d'acquisition, et que l'origine des deniers soit constatée par inventaire ou par tout autre acte authentique. — Hors ce cas, sous quelque régime que ce soit, la prescription légale est que les biens acquis par la femme du failli appartiennent au mari et ont été payés de ses deniers, sauf la preuve contraire. — Elle peut reprendre en nature les effets mobiliers qu'elle s'est constitués par contrat de mariage, ou qui lui sont advenus par succession, donation entre-vifs ou testamentaire, s'ils ne sont pas tombés en communauté, et que leur identité soit prouvée par un acte authentique. — A défaut de faire cette preuve, tous les effets mobiliers, tant à l'usage du mari qu'à celui de la femme, sont acquis aux créanciers, sauf aux syndics à lui remettre, avec l'autorisation du juge-commissaire, les habits et linge necessaires à son usage. — Elle n'exerce l'action en reprise sur les immeubles en nature qu'à la charge des dettes et hypothèques dont les biens sont légalement grevés. — Lorsqu'elle a payé des dettes de son mari, elle ne peut exercer une action en répétition qu'autant qu'elle prouve que le payement a été fait de ses deniers propres. — Si le mari était commerçant au moment de la célébration du mariage, ou si, n'ayant pas alors une autre profession déterminée, il l'est devenu dans l'année, les immeubles lui appartenant à l'époque de la célébration et ceux qui lui sont advenus depuis, soit par succession, donation entre-vifs ou testamentaire, sont soumis à l'hypothèque de la femme: 1° pour les deniers et effets mobiliers qu'elle a apportés en dot, ou qui lui sont advenus depuis le mariage par succession ou donation, et dont elle prouve la délivrance ou le payement par acte authentique; 2° pour le remploi de ses biens aliénés pendant le mariage; 3° pour l'indemnité des dettes par elle contractées avec son mari. — La femme dont le mari était commerçant à l'époque de la célébration du mariage, ou qui, n'ayant pas alors d'autre profession déterminée, l'est devenu dans l'année qui a suivi la célébration, ne peut exercer dans la faillite aucune action à raison des avantages portés dans son contrat; réciproquement, dans ce cas, les créanciers ne peuvent pas se prévaloir des avantages qu'elle a faits à son mari dans ce même contrat. — Voy. ART.

557, 558, 559, 560, 561, 562, 563, 564, et ch. II, sect. V, § 1, 2, 3 et 4; ch. III, sect. III.

SECTION CINQUIÈME.

DROITS ET DEVOIRS DES REVENDIQUANTS.

Le privilége et le droit de revendication, établis par le n° 4 de l'article 2102 du Code civil, au profit du vendeur d'effets mobiliers, ne sont point admis en cas de faillite.—Peuvent, cependant, être revendiquées les remises en effets de commerce ou autres titres non encore payés qui se trouvent en nature dans le portefeuille du failli à l'époque de sa faillite, lorsque ces remises ont été faites par le revendiquant avec le simple mandat d'en faire le recouvrement et d'en garder la valeur à sa disposition, ou lorsqu'elles ont été par lui spécialement affectées à des payements déterminés. — Peuvent également être revendiquées, aussi longtemps qu'elles existent en nature, en tout ou en partie, les marchandises consignées au failli à titre de dépôt ou pour être vendues pour le compte du propriétaire; peut être aussi revendiqué le prix ou la partie du prix desdites marchandises qui n'a été ni payé, ni réglé en valeur, ni compensé en compte courant entre le failli et l'acheteur. — Sont revendicables les marchandises expédiées au failli, tant que la tradition n'en a point été effectuée dans ses magasins ou dans ceux du commissionnaire chargé de les vendre pour le compte du failli, à moins qu'avant leur arrivée elles n'aient été vendues sans fraude, sur facture et connaissements ou lettres de voiture signées par l'expéditeur; le revendiquant est tenu de rembourser à la masse les à-compte qu'il a reçus et toutes les avances faites pour frais de voiture, commission, assurances ou autres frais, et de payer les sommes qui seraient dues pour mêmes causes. — Peuvent être retenues par le vendeur les marchandises par lui vendues et non délivrées au failli, ni encore expédiées, soit à lui, soit à un tiers pour son compte. — Dans les deux cas qui précèdent, les syndics ont la faculté d'exiger, avec l'autorisation du juge-commissaire, la livraison des marchandises, en payant au vendeur le prix convenu entre lui et le failli.

— Les demandes en revendication peuvent être admises par les syndics avec l'approbation du juge-commissaire; s'il y a contestation, le tribunal de commerce prononce sur un rapport du juge-commissaire. — Voy. ART 550, 574, 575, 576, 577, 578, 579, et ch. II, sect. V, § 1, 2, 3 et 4.

SECTION SIXIÈME.

DROITS ET DEVOIRS DES TIERS.

Toute partie intéressée peut poursuivre le jugement déclaratif de la faillite et celui qui détermine l'époque à laquelle a eu lieu la cessation de payements. — A partir du jugement déclaratif de la faillite, toute action ne peut être suivie ou intentée que contre les syndics. — Sont nuls et sans effet, relativement à la masse, tous actes translatifs de propriétés mobilières ou immobilières à titre gratuit, tous payements, soit en espèces, soit par transport, vente, compensation ou autrement, pour dettes non échues, et pour dettes échues, tous payements faits autrement qu'en espèces ou effets de commerce, lorsque ces actes et ces payements ont été faits par le failli depuis l'époque déterminée comme étant celle de la cessation de ses payements, ou dans les dix jours qui l'ont précédée. — Les payements pour dettes échues et tous autres actes à titre onéreux, faits par le failli après la cessation de ses payements et avant le jugement déclaratif de sa faillite, peuvent êtres annulés, si les tiers avec lesquels il a traité avaient connaissance de la cessation de ses payements. — L'action en rapport pour payement d'une lettre de change, après l'époque de la cessation de payements et avant le jugement déclaratif de la faillite, ne peut être exercée que contre celui pour le compte duquel la lettre de change a été fournie, ou contre le premier endosseur, s'il s'agit d'un billet à ordre; dans l'un et l'autre cas, on doit, en exerçant l'action, prouver que celui qui est tenu de rapporter avait connaissance de la cessation de payements lors de l'émission du titre. — Les tiers débiteurs du failli peuvent consigner les deniers qu'ils versent pour compte de la faillte à la caisse des dépôts et consignations. — Les actes faits par le failli postérieurement au jugement d'homologation, et antérieurement à l'annulation ou à la résolution du concordat, ne sont annulables qu'en cas de fraude aux droits des créanciers. — Toute surenchère, après adjudication des immeubles du failli sur la poursuite des syndics, doit être faite au greffe, sous quinzaine, et ne peut être au-dessous du dixième du prix principal de l'adjudication; toute personne est admise à surenchérir et concourir à l'adjudication par suite de surenchère; cette adjudication est définitive. — Sont passibles des peines de la banqueroute frauduleuse les individus qui, dans l'intérêt du failli, ont soustrait, recélé ou dissimulé tout ou partie de ses biens meubles ou immeubles; qui ont frauduleusement présenté dans la faillite et affirmé, soit en leur nom, soit par interposition de personnes, des créances supposées, et ceux qui, faisant le commerce sous le nom d'autrui ou sous un nom supposé, font faillite avec les circonstances de la banqueroute frauduleuse. — Le conjoint, les descendants ou ascendants du failli, ou ses alliés aux mêmes degrés, qui détournent, divertissent ou recèlent des effets appartenant au failli, sans agir de complicité avec lui, sont punis des peines du vol. — Les tribunaux qui connaissent de ces accusations statuent d'office, même au cas d'acquittement, sur la réintégration à la masse des biens, droits et actions frauduleusement soustraits, et sur les dommages-intérêts demandés. — Les arrêts et jugements de condamnation sont affichés et publiés, aux frais des condamnés, suivant les formes établies pour les publications légales des tribunaux de commerce. — Voy. ART. 441, 443, 446, 447, 449, 489, 525, 573, 593, 594, 595, 600, et ch. Ier, sect. II.

LOI

SUR LES FAILLITES ET BANQUEROUTES.

DU 28 MAI 1838.

DISPOSITIONS TRANSITOIRES.

Le livre III du Code de commerce sur les faillites et banqueroutes, ainsi que les articles 69 et 635 du même Code, seront remplacés par les dispositions suivantes. — Néanmoins, les faillites déclarées antérieurement à la promulgation de la présente loi continueront à être régies par les anciennes dispositions du Code de commerce, sauf en ce qui concerne la réhabilitation et l'application des articles 527 et 528.

TITRE PREMIER.

DE LA FAILLITE.

DISPOSITIONS GÉNÉRALES.

Art. 437. Tout commerçant qui cesse ses payements est en état de faillite. — La faillite d'un commerçant peut être déclarée après son décès, lorsqu'il est mort en état de cessation de payements. — La déclaration de la faillite ne pourra être, soit prononcée d'office, soit demandée par les créanciers, que dans l'année qui suivra le décès.

CHAPITRE PREMIER.

DE LA DÉCLARATION DE FAILLITE ET DE SES EFFETS.

Art. 438. Tout failli sera tenu, dans les trois jours de la cessation de ses payements, d'en faire la déclaration au greffe du tribunal de commerce de son domicile. Le jour de la cessation de payements sera compris dans les trois jours. — En cas de faillite d'une société en nom collectif, la déclaration contiendra le nom et l'indication du domicile de chacun des associés solidaires. Elle sera faite au greffe du tribunal dans le ressort duquel se trouve le siége du principal établissement de la société.

Art. 439. La déclaration du failli devra être accompagnée du dépôt du bilan, ou contenir l'indication des motifs qui empêcheraient le failli de le déposer. Le bilan contiendra l'énumération et l'évaluation de tous les biens mobiliers et immobiliers du débiteur, l'état des dettes actives et passives, le tableau des profits et pertes, le tableau des dépenses ; il devra être certifié véritable, daté et signé par le débiteur.

Art. 440. La faillite est déclarée par jugement du tribunal de commerce, rendu, soit sur la déclaration du failli, soit à la requête d'un ou de plusieurs créanciers, soit d'office. Ce jugement sera exécutoire provisoirement.

Art. 441. Par le jugement déclaratif de la faillite, ou par jugement ultérieur rendu sur le rapport du juge-commissaire, le tribunal déterminera, soit d'office, soit sur la poursuite de toute partie intéressée, l'époque à laquelle a eu lieu la cessation de payements. A défaut de détermination spéciale, la cessation de payements sera réputée avoir eu lieu à partir du jugement déclaratif de la faillite.

Art. 442. Les jugements rendus en vertu des deux articles précédents seront affichés et insérés par extrait dans les journaux tant du lieu où la faillite aura été déclarée que de tous les lieux où le failli aura des établissements commerciaux, suivant le mode établi par l'article 42 du présent Code.

Art. 443. Le jugement déclaratif de la faillite emporte de plein droit, à partir de sa date, dessaisissement pour le failli de l'administration de tous ses biens, même de ceux qui peuvent lui échoir tant qu'il est en état de faillite. — A partir de ce jugement, toute action mobilière ou immobilière ne pourra être suivie ou intentée que contre les syndics. — Il en sera de même de toute voie d'exécution tant sur les meubles que sur les immeubles. — Le tribunal, lorsqu'il le jugera convenable, pourra recevoir le failli partie intervenante.

Art. 444. Le jugement déclaratif de faillite rend exigibles, à l'égard du failli, les dettes passives non échues. — En cas de faillite du souscripteur d'un billet à ordre, de l'accepteur d'une lettre de change ou du tireur à défaut d'acceptation, les autres obligés seront tenus de donner caution pour le payement à l'échéance, s'ils n'aiment mieux payer immédiatement.

Art. 445. Le jugement déclaratif de faillite arrête, à l'égard de la masse seulement, le cours des intérêts de toute créance non garantie par un privilége, par un nantissement ou par une hypothèque. — Les intérêts des créances garanties ne pourront être réclamés que sur les sommes provenant des biens affectés au privilége, à l'hypothèque ou au nantissement.

Art. 446. Sont nuls et sans effet, relativement à la masse, lorsqu'ils auront été faits par le débiteur depuis l'époque déterminée par le tribunal comme étant celle de la cessation de ses payements, ou dans les dix jours qui auront précédé cette époque: — tous actes translatifs de propriétés mobilières ou immobilières à titre gratuit; — tous payements, soit en espèces, soit par transport, vente, compensation ou autrement, pour dettes non échues, et pour dettes échues tous payements faits autrement qu'en espèces ou effets de commerce; — toute hypothèque conventionelle ou judiciaire, et tous droits d'antichrèse ou de nantissement constitués sur les biens du débiteur pour dettes antérieurement contractées.

Art. 447. Tous autres payements faits par le débiteur pour dettes échues et tous autres actes à titre onéreux par lui passés après la cessation de ses payements et avant le jugement déclaratif de faillite pourront être annulés, si, de la part de ceux qui ont reçu du débiteur ou qui ont traité avec lui, ils ont eu lieu avec connaissance de la cessation de ses payements.

Art. 448. Les droits d'hypothèque et de privilége valablement acquis pourront être inscrits jusqu'au jour du jugement déclaratif de la faillite. — Néanmoins les inscriptions prises après l'époque de la cessation de payements, ou dans les dix jours qui précèdent, pourront être déclarées nulles, s'il s'est écoulé plus de quinze jours entre la date de l'acte constitutif de l'hypothèque ou du privilége et celle de l'inscription. — Ce délai sera augmenté d'un jour à raison de cinq myriamètres de distance entre le lieu où le droit d'hypothèque aura été acquis et le lieu où l'inscription sera prise.

Art. 449. Dans le cas où des lettres de change auraient été payées après l'époque fixée comme étant celle de la cessation de payements et avant le jugement déclaratif de faillite, l'action en rapport ne pourra être intentée que contre celui pour le compte duquel la lettre de change aura été fournie — S'il s'agit d'un billet à ordre, l'action ne pourra être exercée que contre le premier endosseur. — Dans l'un et l'autre cas, la preuve que celui à qui on demande le rapport avait connaissance de la cessation de payements à l'époque de l'émission du titre, devra être fournie.

Art. 450. Toutes voies d'exécution pour parvenir au payement des loyers sur les effets mobiliers servant à l'exploitation du commerce du failli seront suspendues pendant trente jours, à partir du jugement déclaratif de faillite, sans préjudice de toutes mesures conservatoires, et du droit qui serait acquis au propriétaire de reprendre possession des lieux loués. — Dans ce cas, la suspension des voies d'exécution établie au présent article cessera de plein droit.

CHAPITRE II.

DE LA NOMINATION DU JUGE-COMMISSAIRE.

Art. 451. Par le jugement qui déclarera la faillite, le tribunal de commerce désignera l'un de ses membres pour juge-commissaire.

Art. 452. Le juge-commissaire sera chargé spécialement d'accélérer et de surveiller les opérations et la gestion de la faillite. — Il fera au tribunal de commerce le rapport de toutes les contestations que la faillite pourra faire naître, et qui seront de la compétence de ce tribunal.

Art. 453. Les ordonnances du juge-commissaire ne seront susceptibles de recours que dans les cas prévus par la loi. Ces recours seront portés devant le tribunal de commerce.

Art. 454. Le tribunal de commerce pourra, à toutes les époques, remplacer le juge-commissaire de la faillite par un autre de ses membres.

CHAPITRE III.

DE L'APPOSITION DES SCELLÉS, ET DES PREMIÈRES DISPOSITIONS A L'ÉGARD DE LA PERSONNE DU FAILLI.

Art. 455. Par le jugement qui déclarera la faillite, le tribunal ordonnera l'apposition des scellés et le dépôt de la personne du failli dans la maison d'arrêt pour dettes, ou la garde de sa personne par un officier de police ou de justice, ou par un gendarme. — Néanmoins, si le juge-commissaire estime que l'actif du failli peut être inventorié en un seul jour, il ne sera point apposé de scellés, et il devra être immédiatement procédé à l'inventaire. — Il ne pourra, en cet état, être reçu, contre le failli, d'écrou ou recommandation pour aucune espèce de dettes.

Art. 456. Lorsque le failli se sera conformé aux articles 438 et 439, et ne sera point, au moment de la déclaration, incarcéré pour dettes ou pour autre cause, le tribunal pourra l'affranchir du dépôt ou de la garde de sa personne. — La disposition du jugement qui affranchirait le failli du dépôt ou de la garde de sa personne pourra toujours, suivant les circonstances, être ultérieurement rapportée par le tribunal de commerce, même d'office.

Art. 457. Le greffier du tribunal de commerce adressera, sur-le-champ, au juge de paix, avis de la disposition du jugement qui aura ordonné l'apposition des scellés. — Le juge de paix pourra, même avant ce jugement, apposer les scellés, soit d'office, soit sur la réquisition d'un ou plusieurs créanciers, mais seulement dans le cas de disparition du débiteur ou de détournement de tout ou partie de son actif.

Art. 458. Les scellés seront apposés sur les magasins, comptoirs, caisses, portefeuilles, livres, papiers, meubles et effets du failli. — En cas de faillite d'une société en nom collectif, les scellés seront apposés, non-seulement dans le siége principal de la société, mais encore dans le domicile séparé de chacun des associés solidaires. — Dans tous les cas, le juge de paix donnera, sans délai, au président du tribunal de commerce, avis de l'apposition des scellés.

Art. 459. Le greffier du tribunal de commerce adressera, dans les vingt-quatre heures, au procureur du roi du ressort, extrait des jugements déclaratifs de faillite, mentionnant les principales indications et dispositions qu'ils contiennent.

Art. 460. Les dispositions qui ordonneront le dépôt de la personne du failli dans une maison d'arrêt pour dettes, ou la garde de sa personne, seront exécutées à la diligence, soit du ministère public, soit des syndics de la faillite.

Art. 461. Lorsque les deniers appartenant à la faillite ne pourront suffire immédiatement aux frais du jugement de déclaration de la faillite, d'affiche et d'insertion de ce jugement dans les journaux, d'apposition des scellés, d'arrestation et d'incarcération du failli, l'avance de ces frais sera faite, sur ordonnance du juge-commissaire, par le trésor public, qui en sera remboursé par privilége sur les premiers recouvrements, sans préjudice du privilége du propriétaire.

CHAPITRE IV.

DE LA NOMINATION ET DU REMPLACEMENT DES SYNDICS PROVISOIRES.

Art. 462. Par le jugement qui déclarera la faillite, le tribunal de commerce nommera un ou plusieurs syndics provisoires. — Le juge-commissaire convoquera immédiatement les créanciers présumés à se réunir dans un délai qui n'excédera pas quinze jours. Il consultera les créanciers présents à cette réunion, tant sur la composition de l'état des créanciers présumés que sur la nomination de nouveaux syndics. Il sera dressé procès-verbal de leurs dires et observations, lequel sera représenté au tribunal. — Sur le vu de ce procès-verbal et de l'état des créanciers présumés, et sur le rapport du juge-commissaire, le tribunal nommera de nouveaux syndics, ou continuera les premiers dans leurs fonctions. — Les syndics ainsi institués sont définitifs; cependant ils peuvent être remplacés par le tribunal de commerce, dans les cas et suivant les formes qui seront déterminés. — Le nombre des syndics pourra être, à toute époque, porté jusqu'à trois; ils pourront être choisis parmi les personnes étrangères à la masse, et recevoir, quelle que soit leur qualité, après avoir rendu compte de leur gestion, une indemnité que le tribunal arbitrera sur le rapport du juge-commissaire.

Art. 463. Aucun parent ou allié du failli, jusqu'au quatrième degré inclusivement, ne pourra être nommé syndic.

Art. 464. Lorsqu'il y aura lieu de procéder à l'adjonction ou au remplacement d'un ou plusieurs syndics, il en sera référé par le juge-commissaire au tribunal de commerce, qui procédera à la nomination suivant les formes établies par l'art. 462.

Art. 465. S'il a été nommé plusieurs syndics, ils ne pourront agir que collectivement; néanmoins le juge-commissaire peut donner à un ou plusieurs d'entre eux des autorisations spéciales à l'effet de faire séparément certains actes d'administration. Dans ce dernier cas, les syndics autorisés seront seuls responsables.

Art. 466. S'il s'élève des réclamations contre quelqu'une des opérations des syndics, le juge-commissaire statuera dans le délai de trois jours, sauf recours devant le tribunal de commerce. — Les décisions du juge-commissaire sont exécutoires par provision.

Art. 467. Le juge-commissaire pourra, soit sur les réclamations à lui adressées par le failli ou par des créanciers, soit même d'office, proposer la révocation d'un ou plusieurs des syndics. — Si, dans les huit jours, le juge-commissaire n'a pas fait droit aux réclamations qui lui ont été adressées, ces réclamations pourront être portées devant le tribunal. — Le tribunal, en chambre du conseil, entendra le rapport du juge-commissaire et les explications des syndics, et prononcera à l'audience sur la révocation.

CHAPITRE V.

DES FONCTIONS DES SYNDICS.

SECTION PREMIÈRE.

DISPOSITIONS GÉNÉRALES.

Art. 468. Si l'apposition des scellés n'avait point eu lieu avant la nomination des syndics, ils requerront le juge de paix d'y procéder.

Art. 469. Le juge-commissaire pourra également, sur la demande des syndics, les dispenser de faire placer sous les scellés, ou les autoriser à en faire extraire : — 1° Les vêtements, hardes, meubles et effets nécessaires au failli et à sa famille, et dont la délivrance sera autorisée par le juge-commissaire, sur l'état que lui en soumettront les syndics; — 2° Les objets sujets à dépérissement prochain ou à dépréciation imminente; — 3° Les objets servant à l'exploitation du fonds de commerce, lorsque cette exploitation ne pourrait être interrompue sans préjudice pour les créanciers. — Les objets compris dans les deux paragraphes précédents seront de suite inventoriés avec prisée par les syndics, en présence du juge de paix, qui signera le procès-verbal.

Art. 470. La vente des objets sujets à dépérissement ou à dépréciation imminente, ou dispendieux à conserver, et l'exploitation du fonds de commerce, auront lieu à la diligence des syndics, sur l'autorisation du juge-commissaire.

Art. 471. Les livres seront extraits des scellés et remis par le juge de paix aux syndics, après avoir été arrêtés par lui; il constatera sommairement, par son procès-verbal, l'état dans lequel ils se trouveront. — Les effets de portefeuille à courte échéance ou susceptibles d'acceptation, ou pour lesquels il faudra faire des actes conservatoires, seront aussi extraits des scellés par le juge de paix, décrits et remis aux syndics pour en faire le recouvrement. Le bordereau en sera remis au juge-commissaire. — Les autres créances seront recouvrées par les syndics sur leurs quittances. Les lettres adressées au failli seront remises aux syndics, qui les ouvriront; il pourra, s'il est présent, assister à l'ouverture.

Art. 472. Le juge-commissaire, d'après l'état apparent des affaires du failli, pourra proposer sa mise en liberté avec sauf-conduit provisoire de sa personne. Si le tribunal accorde le sauf-conduit, il pourra obliger le failli à fournir caution de se représenter, sous peine de payement d'une somme que le tribunal arbitrera, et qui sera dévolue à la masse.

Art. 473. A défaut, par le juge-commissaire, de proposer un sauf-conduit pour le failli, ce dernier pourra présenter sa demande au tribunal de commerce, qui statuera, en audience publique, après avoir entendu le juge-commissaire.

Art. 474. Le failli pourra obtenir pour lui et sa famille, sur l'actif de sa faillite, des secours alimentaires, qui seront fixés sur la proposition des syndics par le juge-commissaire, sauf appel au tribunal en cas de contestation.

Art. 475. Les syndics appelleront le failli auprès d'eux pour clore et arrêter les livres en sa présence. — S'il ne se rend pas à l'invitation, il sera sommé de comparaître dans les quarante-huit heures au plus tard. — Soit qu'il ait ou non obtenu un sauf-conduit, il pourra comparaître par fondé de pouvoirs, s'il justifie de causes d'empêchement reconnues valables par le juge-commissaire.

Art. 476. Dans le cas où le bilan n'aurait pas été déposé par le failli, les syndics le dresseront immédiatement à l'aide des livres et papiers du failli, et des renseignements qu'ils se procureront, et ils le déposeront au greffe du tribunal de commerce.

Art. 477. Le juge-commissaire est autorisé à entendre le failli, ses commis et employés, et toute autre personne, tant sur ce qui concerne la formation du bilan que sur les causes et les circonstances de la faillite.

Art. 478. Lorsqu'un commerçant aura été déclaré en faillite après son décès, ou lorsque le failli viendra à décéder après la déclaration de la faillite, sa veuve, ses enfants, ses héritiers, pourront se présenter ou se faire représenter pour le suppléer dans la formation du bilan, ainsi que dans toutes les autres opérations de la faillite.

SECTION II.

DE LA LEVÉE DES SCELLÉS ET DE L'INVENTAIRE.

Art. 479. Dans les trois jours, les syndics requerront la levée des scellés et procéderont à l'inventaire des biens du failli, lequel sera présent ou dûment appelé.

Art. 480. L'inventaire sera dressé en double minute par les syndics, à mesure que les scellés seront levés, et en présence du juge de paix, qui le signera à chaque vacation. L'une de ces minutes sera déposée au greffe du tribunal de commerce, dans les vingt-quatre heures; l'autre restera entre les mains des syndics. — Les syndics seront libres de se faire aider pour sa rédaction comme pour l'estimation des objets, par qui ils jugeront convenable. — Il sera fait récolement des objets qui, conformément à l'article 469, n'auraient pas été mis sous les scellés, et auraient déjà été inventoriés et prisés.

Art. 481. En cas de déclaration de faillite après décès, lorsqu'il n'aura point été fait d'inventaire antérieurement à cette déclaration, ou en cas de décès du failli avant l'ouverture de l'inventaire, il y sera procédé immédiatement, dans les formes du précédent article et en présence des héritiers, ou eux dûment appelés.

Art. 482. En toute faillite, les syndics, dans la quinzaine de leur entrée ou de leur maintien en fonctions, seront tenus de remettre au juge-commissaire un mémoire ou compte sommaire de l'état apparent de la faillite, de ses principales causes et circonstances, et des caractères qu'elle paraît avoir. — Le juge-commissaire transmettra immédiatement les mémoires, avec ses observations, au procureur du roi. S'ils ne lui ont pas été remis dans les délais prescrits, il devra en prévenir le procureur du roi, et lui indiquer les causes du retard.

Art. 483. Les officiers du ministère public pourront se transporter au domicile du failli et assister à l'inventaire. — Ils auront, à toute époque, le droit de requérir communication de tous les actes, livres ou papiers relatifs à la faillite.

SECTION III.

DE LA VENTE DES MARCHANDISES ET MEUBLES, ET DES RECOUVREMENTS.

Art. 484. L'inventaire terminé, les marchandises, l'argent, les titres actifs, les livres et papiers, meubles et effets du débiteur, seront remis aux syndics, qui s'en chargeront au bas dudit inventaire.

Art. 485. Les syndics continueront de procéder, sous la surveillance du juge-commissaire, au recouvrement des dettes actives.

Art. 486. Le juge-commissaire pourra, le failli entendu ou dûment appelé, autoriser les syndics à procéder à la vente des effets mobiliers ou marchandises. — Il décidera si la vente se fera, soit à l'amiable, soit aux enchères publiques, par l'entremise de courtiers ou de tous autres officiers publics préposés à cet effet. — Les syndics choisiront dans la classe d'officiers publics déterminée par le juge-commissaire celui dont ils voudront employer le ministère.

Art. 487. Les syndics pourront, avec l'autorisation du juge-commissaire, et le failli dûment appelé, transiger sur toutes contestations qui intéressent la masse, même sur celles qui sont relatives à des droits et actions immobiliers. — Si l'objet de la transaction est d'une valeur indéterminée ou qui excède trois cents francs, la transaction ne sera obligatoire qu'après avoir été homologuée, savoir: par le tribunal de commerce pour les transactions relatives à des droits mobiliers, et par le tribunal civil pour les transactions relatives à des droits immobiliers. — Le failli sera appelé à l'homologation; il aura, dans tous les cas, la faculté de s'y opposer. Son opposition suffira pour empêcher la transaction, si elle a pour objet des biens immobiliers.

Art. 488. Si le failli a été affranchi du dépôt, ou s'il a obtenu un sauf-conduit, les syndics pourront l'employer pour faciliter et éclairer leur gestion; le juge-commissaire fixera les conditions de son travail.

Art. 489. Les deniers provenant des ventes et des recouvrements seront, sous la déduction des sommes arbitrées par le juge-commissaire, pour le montant des dépenses et frais, versés immédiatement à la caisse des dépôts et consignations. Dans les trois jours des recettes, il sera justifié au juge-commissaire desdits versements; en cas de retard, les syndics devront les intérêts des sommes qu'ils n'auront point versées. — Les deniers versés par les syndics, et tous autres consignés par des tiers, pour compte de la faillite, ne pourront être retirés qu'en vertu d'une ordonnance du juge-commissaire. S'il existe des oppositions, les syndics devront préalablement en obtenir la mainlevée. — Le juge-commissaire pourra ordonner que le versement sera fait par la caisse directement entre les mains des créanciers de la faillite, sur un état de répartition dressé par les syndics et ordonnancé par lui.

SECTION IV.

DES ACTES CONSERVATOIRES.

Art. 490. A compter de leur entrée en fonctions, les syndics seront tenus de faire tous actes pour la conservation des droits du failli contre ses débiteurs. — Ils seront aussi tenus de requérir l'inscription aux hypothèques sur les immeubles des débiteurs du failli, si elle n'a pas été requise par lui; l'inscription sera prise au nom de la masse par les syndics, qui joindront à leurs bordereaux un certificat constatant leur nomination. — Ils seront tenus aussi de prendre inscription, au nom de la masse des créanciers, sur les immeubles du failli dont ils connaîtront l'existence. L'inscription sera reçue sur un simple bordereau énonçant qu'il y a faillite, et relatant la date du jugement par lequel ils auront été nommés.

SECTION V.

DE LA VÉRIFICATION DES CRÉANCES.

Art. 491. A partir du jugement déclaratif de la faillite, les créanciers pourront remettre au greffier leurs titres, avec un bordereau indicatif des sommes par eux réclamées. — Le greffier devra en tenir état et en donner récépissé. — Il ne sera responsable des titres que pendant cinq années, à partir du jour de l'ouverture du procès-verbal de vérification.

Art. 492. Les créanciers qui, à l'époque du maintien ou du remplacement des syndics, en exécution du troisième paragraphe de l'art. 462, n'auront pas remis leurs titres, seront immédiatement avertis, par des insertions dans les journaux et par lettres du greffier, qu'ils doivent se présenter en personne ou par des fondés de pouvoirs, dans le délai de vingt jours, à partir desdites insertions, aux syndics de la faillite, et leur remettre leurs titres accompagnés d'un bordereau indicatif des sommes par eux réclamées, si mieux ils n'aiment en faire le dépôt au greffe du tribunal de commerce; il leur en sera donné récépissé. — A l'égard des créanciers domiciliés en France, hors du lieu où siége le tribunal saisi de l'instruction de la faillite, ce délai sera augmenté d'un jour par cinq myriamètres de distance entre le lieu où siége le tribunal et le domicile du créancier. — A l'égard des créanciers domiciliés hors du territoire continental de la France, ce délai sera augmenté conformément aux règles de l'art. 73 du Code de procédure civile.

Art. 493. La vérification des créances commencera dans les trois jours de l'expiration des délais déterminés par les premier et deuxième paragraphes de l'art. 492. Elle sera continuée sans interruption. Elle se fera aux lieu, jour et heure indiqués par le juge-commissaire. L'avertissement aux créanciers ordonné par l'article précédent contiendra mention de cette indication. Néanmoins les créanciers seront de nouveau convoqués à cet effet, tant par lettres du greffier que par insertions dans les journaux. — Les créances des syndics seront vérifiées par le juge-commissaire ; les autres le seront contradictoirement entre le créancier ou son fondé de pouvoirs et les syndics, en présence du juge-commissaire, qui en dressera procès-verbal.

Art. 494. Tout créancier vérifié ou porté au bilan pourra assister à la vérification des créances et fournir des contredits aux vérifications faites et à faire. Le failli aura le même droit.

Art. 495. Le procès-verbal de vérification indiquera le domicile des créanciers et de leurs fondés de pouvoirs. — Il contiendra la description sommaire des titres, mentionnera les surcharges, ratures et interlignes, et exprimera si la créance est admise ou contestée.

Art. 496. Dans tous les cas, le juge-commissaire pourra, même d'office, ordonner la représentation des livres du créancier, ou demander, en vertu d'un compulsoire, qu'il en soit rapporté un extrait fait par les juges du lieu.

Art. 497. Si la créance est admise, les syndics signeront, sur chacun des titres, la déclaration suivante : *Admis au passif de la faillite de........ pour la somme de........ le........* — Le juge-commissaire visera la déclaration. — Chaque créancier, dans la huitaine au plus tard, après que sa créance aura été vérifiée, sera tenu d'affirmer, entre les mains du juge-commissaire, que ladite créance est sincère et véritable.

Art. 498. Si la créance est contestée, le juge-commissaire pourra, sans qu'il soit besoin de citation, renvoyer à bref délai devant le tribunal de commerce, qui jugera sur son rapport. — Le tribunal de commerce pourra ordonner qu'il soit fait, devant le juge-commissaire, enquête sur les faits, et que les personnes qui pourront fournir des renseignements soient, à cet effet, citées par devant lui.

Art. 499. Lorsque la contestation sur l'admission d'une créance aura été portée devant le tribunal de commerce, ce tribunal, si la cause n'est point en état de recevoir jugement définitif avant l'expiration des délais fixés, à l'égard des personnes domiciliées en France, par les art. 492 et 497, ordonnera, selon les circonstances, qu'il sera sursis ou passé outre à la convocation de l'assemblée pour la formation du concordat. — Si le tribunal ordonne qu'il sera passé outre, il pourra décider par provision que le créancier contesté sera admis dans les délibérations pour une somme que le même jugement déterminera.

Art. 500. Lorsque la contestation sera portée devant un tribunal civil, le tribunal de commerce décidera s'il sera sursis ou passé outre ; dans ce dernier cas, le tribunal civil saisi de la contestation jugera, à bref délai, sur requête des syndics, signifiée au créancier contesté, et sans autre procédure, si la créance sera admise par provision, et pour quelle somme. — Dans le cas où une créance serait l'objet d'une instruction criminelle ou correctionnelle, le tribunal de commerce pourra également prononcer le sursis ; s'il ordonne de passer outre, il ne pourra accorder l'admission par provision, et le créancier contesté ne pourra prendre part aux opérations de la faillite tant que les tribunaux compétents n'auront pas statué.

Art. 501. Le créancier dont le privilége ou l'hypothèque seulement serait contestée sera admis dans les délibérations de la faillite comme créancier ordinaire.

Art. 502. A l'expiration des délais déterminés par les articles 492 et 497, à l'égard des personnes domiciliées en France, il sera passé outre à la formation du concordat et à toutes les opérations de la faillite, sous l'exception portée aux articles 567 et 568 en faveur des créanciers domiciliés hors du territoire continental de la France.

Art. 503. A défaut de comparution et affirmation dans les délais qui leur sont applicables, les défaillants connus ou inconnus ne seront pas compris dans les répartitions à faire : toutefois la voie de l'opposition leur sera ouverte jusqu'à la distribution des deniers inclusivement; les frais de l'opposition demeureront toujours à leur charge. — Leur opposition ne pourra suspendre l'exécution des répartitions ordonnancées par le juge-commissaire; mais, s'il est procédé à des répartitions nouvelles avant qu'il ait été statué sur leur opposition, ils seront compris pour la somme qui sera provisoirement déterminée par le tribunal, et qui sera tenue en réserve jusqu'au jugement de leur opposition. — S'ils se font ultérieurement reconnaître créanciers, ils ne pourront rien réclamer sur les répartitions ordonnancées par le juge-commissaire; mais ils auront le droit de prélever, sur l'actif non encore réparti, les dividendes afférents à leurs créances dans les premières répartitions.

CHAPITRE VI.

DU CONCORDAT ET DE L'UNION.

SECTION PREMIÈRE.

DE LA CONVOCATION ET DE L'ASSEMBLÉE DES CRÉANCIERS.

Art. 504. Dans les trois jours qui suivront les délais prescrits pour l'affirmation, le juge-commissaire fera convoquer, par le greffier, à l'effet de délibérer sur la formation du concordat, les créanciers dont les créances auront été vérifiées et affirmées, ou admises par provision. Les insertions dans les journaux et les lettres de convocation indiqueront l'objet de l'assemblée.

Art. 505. Aux lieu, jour et heure qui seront fixés par le juge-commissaire, l'assemblée se formera sous sa présidence; les créanciers vérifiés et affirmés, ou admis par provision, s'y présenteront en personne ou par fondés de pouvoirs. — Le failli sera appelé à cette assemblée; il devra s'y présenter en personne, s'il a été dispensé de la mise en dépôt, ou s'il a obtenu un sauf-conduit, et il ne pourra s'y faire représenter que pour des motifs valables et approuvés par le juge-commissaire.

Art. 506. Les syndics feront à l'assemblée un rapport sur l'état de la faillite, sur les formalités qui auront été remplies et les opérations qui auront eu lieu; le failli sera entendu. — Le rapport des syndics sera remis, signé d'eux, au juge-commissaire, qui dressera procès-verbal de ce qui aura été dit et décidé dans l'assemblée.

SECTION II.

DU CONCORDAT.

§ 1er. *De la formation du concordat.*

ART. 507. Il ne pourra être consenti de traité entre les créanciers délibérants et le débiteur failli, qu'après l'accomplissement des formalités ci-dessus prescrites. — Ce traité ne s'établira que par le concours d'un nombre de créanciers formant la majorité, et représentant en outre les trois quarts de la totalité des créances vérifiées et affirmées, ou admises par provision, conformément à la section v du chapitre V : le tout à peine de nullité.

ART. 508. Les créanciers hypothécaires inscrits ou dispensés d'inscription, et les créanciers privilégiés ou nantis d'un gage, n'auront pas voix dans les opérations relatives au concordat pour lesdites créances, et elles n'y seront comptées que s'ils renoncent à leurs hypothèques, gages ou priviléges. — Le vote au concordat emportera de plein droit cette renonciation.

ART. 509. Le concordat sera, à peine de nullité, signé séance tenante. S'il est consenti seulement par la majorité en nombre, ou par la majorité des trois quarts en somme, la délibération sera remise à huitaine pour tout délai; dans ce cas, les résolutions prises et les adhésions données lors de la première assemblée demeureront sans effet.

ART. 510. Si le failli a été condamné comme banqueroutier frauduleux, le concordat ne pourra être formé. — Lorsqu'une instruction en banqueroute frauduleuse aura été commencée, les créanciers seront convoqués à l'effet de décider s'ils se réservent de délibérer sur un concordat, en cas d'acquittement, et si, en conséquence, ils sursoient à statuer jusqu'après l'issue des poursuites. — Ce sursis ne pourra être prononcé qu'à la majorité en nombre et en somme déterminée par l'art. 507. Si à l'expiration du sursis, il y a lieu à délibérer sur le concordat, les règles établies par le précédent article seront applicables aux nouvelles délibérations.

ART. 511. Si le failli a été condamné comme banqueroutier simple, le concordat pourra être formé. Néanmoins, en cas de poursuites commencées, les créanciers pourront surseoir à délibérer jusqu'après l'issue des poursuites, en se conformant aux dispositions de l'article précédent.

ART. 512. Tous les créanciers ayant eu droit de concourir au concordat, ou dont les droits auront été reconnus depuis, pourront y former opposition. — L'opposition sera motivée, et devra être signifiée aux syndics et au failli, à peine de nullité, dans les huit jours qui suivront le concordat; elle contiendra assignation à la première audience du tribunal de commerce. — S'il n'a été nommé qu'un seul syndic, et s'il se rend opposant au concordat, il devra provoquer la nomination d'un nouveau syndic, vis-à-vis duquel il sera tenu de remplir les formes prescrites au présent article. — Si le jugement de l'opposition est subordonné à la solution de questions étrangères, à raison de la matière, à la compétence du tribunal de commerce, ce tribunal surseoira à prononcer jusqu'après la décision de ces questions. — Il fixera un bref délai dans lequel le créancier opposant devra saisir les juges compétents et justifier de ses diligences.

ART. 513. L'homologation du concordat sera poursuivie devant le tribunal de commerce, à la requête de la partie la plus diligente; le tribunal ne pourra statuer avant l'expiration du délai de huitaine, fixé par l'article précédent. — Si, pendant ce délai, il a été formé des oppositions, le tribunal statuera sur ces oppositions et sur l'homologation par un seul et même jugement. — Si l'opposition est admise, l'annulation du concordat sera prononcée à l'égard de tous les intéressés.

Art. 514. Dans tous les cas, avant qu'il soit statué sur l'homologation, le juge-commissaire fera au tribunal de commerce un rapport sur les caractères de la faillite et sur l'admissibilité du concordat.

Art. 515. En cas d'inobservation des règles ci-dessus prescrites, ou lorsque des motifs tirés, soit de l'intérêt public, soit de l'intérêt des créanciers, paraîtront de nature à empêcher le concordat, le tribunal en refusera l'homologation.

§ 2. *Des effets du concordat.*

Art. 516. L'homologation du concordat le rendra obligatoire pour tous les créanciers portés ou non portés au bilan, vérifiés ou non vérifiés, et même pour les créanciers domiciliés hors du territoire continental de la France, ainsi que pour ceux qui, en vertu des art. 499 et 500, auraient été admis par provision à délibérer, quelle que soit la somme que le jugement définitif leur attribuerait ultérieurement.

Art. 517. L'homologation conservera à chacun des créanciers, sur les immeubles du failli, l'hypothèque inscrite en vertu du troisième paragraphe de l'art. 490. A cet effet, les syndics feront inscrire aux hypothèques le jugement d'homologation, à moins qu'il n'en ait été décidé autrement par le concordat.

Art. 518. Aucune action en nullité du concordat ne sera recevable, après l'homologation, que pour cause de dol découvert depuis cette homologation, et résultant, soit de la dissimulation de l'actif, soit de l'exagération du passif.

Art. 519. Aussitôt après que le jugement d'homologation sera passé en force de chose jugée, les fonctions des syndics cesseront. — Les syndics rendront au failli leur compte définitif en présence du juge-commissaire; ce compte sera débattu et arrêté. Ils remettront au failli l'universalité de ses biens, livres, papiers et effets. Le failli en donnera décharge. — Il sera dressé du tout un procès-verbal par le juge-commissaire dont les fonctions cesseront. — En cas de contestation, le tribunal de commerce prononcera.

§ 3. *De l'annulation ou de la résolution du concordat.*

Art. 520. L'annulation du concordat, soit pour dol, soit par suite de condamnation pour banqueroute frauduleuse intervenue après son homologation, libère de plein droit les cautions. — En cas d'inexécution, par le failli, des conditions de son concordat, la résolution de ce traité pourra être poursuivie contre lui devant le tribunal de commerce, en présence des cautions, s'il en existe, ou elles dûment appelées. — La résolution du concordat ne libérera pas les cautions qui y seront intervenues pour en garantir l'exécution totale ou partielle.

Art. 521. Lorsque, après l'homologation du concordat, le failli sera poursuivi pour banqueroute frauduleuse, et placé sous mandat de dépôt ou d'arrêt, le tribunal de commerce pourra prescrire telles mesures conservatoires qu'il appartiendra. Ces mesures cesseront de plein droit du jour de la déclaration qu'il n'y a lieu à suivre, de l'ordonnance d'acquittement ou de l'arrêt d'absolution.

Art. 522. Sur le vu de l'arrêt de condamnation pour banqueroute frauduleuse, ou par le jugement qui prononcera, soit l'annulation, soit la résolution du concordat, le tribunal de commerce nommera un juge-commissaire et un ou plusieurs syndics. — Ces syndics pourront faire apposer les scellés. — Ils procéderont, sans retard, avec l'assistance du juge de paix, sur l'ancien inventaire, au récolement des valeurs, actions et des papiers, et procéderont, s'il y a lieu, à un supplément d'inventaire. — Ils dresseront un bilan supplémentaire. — Ils feront immédiatement afficher et insérer dans les journaux à ce destinés, avec un extrait du jugement qui les nomme, invitation aux créanciers nouveaux, s'il en existe, de produire, dans le délai de vingt jours, leurs titres de créances à la vérification. Cette invitation sera faite aussi par lettres du greffier, conformément aux art. 492 et 493.

Art. 523. Il sera procédé, sans retard, à la vérification des titres de créances produits en vertu de l'article précédent. — Il n'y aura pas lieu à nouvelle vérification des créances antérieurement admises et affirmées, sans préjudice néanmoins du rejet ou de la réduction de celles qui, depuis, autaient été payées en tout ou en partie.

Art. 524. Ces opérations mises à fin, s'il n'intervient pas de nouveau concordat, les créanciers seront convoqués à l'effet de donner leur avis sur le maintien ou le remplacement des syndics. — Il ne sera procédé aux répartitions qu'après l'expiration, à l'égard des créanciers nouveaux, des délais accordés aux personnes domiciliées en France, par les art. 492 et 497.

Art. 525. Les actes faits par le failli postérieurement au jugement d'homologation, et antérieurement à l'annulation ou à la résolution du concordat, ne seront annulés qu'en cas de fraude aux droits des créanciers.

Art. 526. Les créanciers antérieurs au concordat rentreront dans l'intégralité de leurs droits à l'égard du failli seulement; mais ils ne pourront figurer dans la masse que pour les proportions suivantes, savoir : — S'ils n'ont touché aucune part du dividende, pour l'intégralité de leurs créances; s'ils ont reçu une partie du dividende, pour la portion de leurs créances primitives correspondante à la portion du dividende promis qu'ils n'auront pas touchée. — Les dispositions du présent article seront applicables au cas où une seconde faillite viendra à s'ouvrir sans qu'il y ait eu préalablement annulation ou résolution du concordat.

SECTION III.

DE LA CLÔTURE EN CAS D'INSUFFISANCE DE L'ACTIF.

Art. 527. Si, à quelque époque que ce soit, avant l'homologation du concordat ou la formation de l'union, le cours des opérations de la faillite se trouve arrêté par insuffisance de l'actif, le tribunal de commerce pourra, sur le rapport du juge-commissaire, prononcer, même d'office, la clôture des opérations de la faillite. — Ce jugement fera rentrer chaque créancier dans l'exercice de ses actions individuelles, tant contre les biens que contre la personne du failli. — Pendant un mois à partir de sa date, l'exécution de ce jugement sera suspendue.

Art. 528. Le failli, ou tout autre intéressé, pourra, à toute époque, le faire rapporter par le tribunal, en justifiant qu'il existe des fonds pour faire face aux frais des opérations de la faillite, ou en faisant consigner entre les mains des syndics somme suffisante pour y pourvoir. — Dans tous les cas, les frais des poursuites exercées en vertu de l'article précédent devront être préalablement acquittés.

SECTION IV.

DE L'UNION DES CRÉANCIERS.

Art. 529. S'il n'intervient point de concordat, les créanciers seront de plein droit en état d'union. — Le juge-commissaire les consultera immédiatement, tant sur les faits de la gestion que sur l'utilité du maintien ou du remplacement des syndics. Les créanciers privilegiés, hypothécaires ou nantis d'un gage, seront admis à cette délibération. — Il sera dressé procès-verbal des dires et observations des créanciers, et, sur le vu de cette pièce, le tribunal de commerce statuera comme il est dit à l'art. 462. — Les syndics qui ne seraient pas maintenus devront rendre leur compte aux nouveaux syndics, en présence du juge-commissaire, le failli dûment appelé.

Art. 530. Les créanciers seront consultés sur la question de savoir si un secours pourra être accordé au failli sur l'actif de la faillite. — Lorsque la majorité des créanciers présents y aura consenti, une somme pourra être accordée au failli à titre de secours sur l'actif de la faillite. Les syndics en proposeront la quotité, qui sera fixée par le juge-commissaire, sauf recours au tribunal de commerce, de la part des syndics seulement.

Art. 531. Lorsqu'une société de commerce sera en faillite, les créanciers pourront ne consentir de concordat qu'en faveur d'un ou de plusieurs des associés. — En ce cas, tout l'actif social demeurera sous le régime de l'union. Les biens personnels de ceux avec lesquels le concordat aura été consenti en seront exclus, et le traité passé avec eux ne pourra contenir l'engagement de payer un dividende que sur des valeurs étrangères à l'actif social. — L'associé qui aura obtenu un concordat particulier, sera déchargé de toute solidarité.

Art. 532. Les syndics représentent la masse des créanciers et sont chargés de procéder à la liquidation. — Néanmoins, les créanciers pourront leur donner mandat pour continuer l'exploitation de l'actif. — La délibération qui leur conférera ce mandat, en déterminera la durée et l'étendue, et fixera les sommes qu'ils pourront garder entre leurs mains, à l'effet de pourvoir aux frais et dépenses. Elle ne pourra être prise qu'en présence du juge-commissaire, et à la majorité des trois quarts des créanciers en nombre et en somme. — La voie de l'opposition sera ouverte contre cette délibération, au failli et aux créanciers dissidents. — Cette opposition ne sera pas suspensive de l'exécution.

Art. 533. Lorsque les opérations des syndics entraîneront des engagements qui excéderaient l'actif de l'union, les créanciers qui auront autorisé ces opérations seront seuls tenus personnellement au delà de leur part dans l'actif, mais seulement dans les limites du mandat qu'ils auront donné ; ils contribueront au prorata de leurs créances.

Art. 534. Les syndics sont chargés de poursuivre la vente des immeubles, marchandises et effets mobiliers du failli, et la liquidation de ses dettes actives et passives ; le tout sous la surveillance du juge-commissaire, et sans qu'il soit besoin d'appeler le failli.

Art. 535. Les syndics pourront, en se conformant aux règles prescrites par l'art. 487, transiger sur toute espèce de droits appartenant au failli, nonobstant toute opposition de sa part.

Art. 536. Les créanciers en état d'union seront convoqués au moins une fois dans la première année, et, s'il y a lieu, dans les années suivantes, par le juge-commissaire. — Dans ces assemblées, les syndics devront rendre compte de leur gestion. — Ils seront continués ou remplacés dans l'exercice de leurs fonctions, suivant les formes prescrites par les articles 462 et 529.

Art. 537. Lorsque la liquidation de la faillite sera terminée, les créanciers seront convoqués par le juge-commissaire. — Dans cette dernière assemblée, les syndics rendront leur compte. Le failli sera présent ou dûment appelé. — Les créanciers donneront leur avis sur l'excusabilité du failli. Il sera dressé, à cet effet, un procès-verbal dans lequel chacun des créanciers pourra consigner ses dires et observations. — Après la clôture de cette assemblée, l'union sera dissoute de plein droit.

Art. 538. Le juge-commissaire présentera au tribunal la délibération des créanciers relative à l'excusabilité du failli, et un rapport sur les caractères et les circonstances de la faillite. — Le tribunal prononcera si le failli est ou non excusable.

Art. 539. Si le failli n'est pas déclaré excusable, les créanciers rentreront dans l'exercice de leurs actions individuelles tant contre sa personne que sur ses biens. — S'il est déclaré excusable, il demeurera affranchi de la contrainte par corps à l'égard des créanciers de sa faillite, et ne pourra plus être poursuivi par eux que sur ses biens, sauf les exceptions prononcées par les lois spéciales.

Art. 540. Ne pourront être déclarés excusables : les banqueroutiers frauduleux, les stellionataires, les personnes condamnées pour vol, escroquerie ou abus de confiance, les comptables de deniers publics.

Art. 541. Aucun débiteur commerçant ne sera recevable à demander son admission au bénéfice de cession de biens.

CHAPITRE VII.

DES DIFFÉRENTES ESPÈCES DE CRÉANCIERS, ET DE LEURS DROITS EN CAS DE FAILLITE.

SECTION PREMIÈRE.

DES CO-OBLIGÉS ET DES CAUTIONS.

Art. 542. Le créancier porteur d'engagements souscrits, endossés ou garantis solidairement par le failli et d'autres co-obligés qui sont en faillite, participera aux distributions dans toutes les masses, et y figurera pour la valeur nominale de son titre, jusqu'à parfait payement.

Art. 543. Aucun recours, pour raison des dividendes payés, n'est ouvert aux faillites des co-obligés les unes contre les autres, si ce n'est lorsque la réunion des dividendes que donneraient ces faillites excéderait le montant total de la créance, en principal et accessoires, auquel cas cet excédant sera dévolu, suivant l'ordre des engagements, à ceux des co-obligés qui auraient les autres pour garants.

Art. 544. Si le créancier porteur d'engagements solidaires entre le failli et d'autres co-obligés a reçu, avant la faillite, un à-compte sur sa créance, il ne sera compris dans la masse que sous la déduction de cet à-compte, et conservera, pour ce qui lui restera dû, ses droits contre le co-obligé ou la caution.—Le co-obigé ou la caution qui aura fait le payement partiel sera compris dans la même masse pour tout ce qu'il aura payé à la décharge du failli.

Art. 545. Nonobstant le concordat, les créanciers conservent leur action pour la totalité de leur créance contre les co-obligés du failli.

SECTION II.

DES CRÉANCIERS NANTIS DE GAGE, ET DES CRÉANCIERS PRIVILÉGIÉS SUR LES BIENS MEUBLES.

Art. 546. Les créanciers du failli qui seront valablement nantis de gages ne seront inscrits dans la masse que pour mémoire.

Art. 547. Les syndics pourront, à toute époque, avec l'autorisation du juge-commissaire, retirer les gages au profit de la faillite, en remboursant la dette.

Art. 548. Dans le cas où le gage ne sera pas retiré par les syndics, s'il est vendu par le créancier moyennant un prix qui excède la créance, le surplus sera recouvré par les syndics; si le prix est moindre que la créance, le créancier nanti viendra à contribution pour le surplus, dans la masse, comme créancier ordinaire.

Art. 549. Le salaire acquis aux ouvriers employés directement par le failli, pendant le mois qui aura précédé la déclaration de faillite, sera admis au nombre des créances privilégiées, au même rang que le privilége établi par l'art. 2101 du Code civil pour le salaire des gens de service. — Les salaires dus aux commis pour les six mois qui auront précédé la déclaration de faillite, seront admis au même rang.

Art. 550. Le privilége et le droit de revendication établis par le n° 4 de l'art. 2102 du Code civil, au profit du vendeur d'effets mobiliers, ne seront point admis en cas de faillite.

Art. 551. Les syndics présenteront au juge-commissaire l'état des créanciers se prétendant privilégiés sur les biens meubles, et le juge-commissaire autorisera, s'il y a lieu, le payement de ces créanciers sur les premiers deniers rentrés. — Si le privilége est contesté, le tribunal prononcera.

SECTION III.

DES DROITS DES CRÉANCIERS HYPOTHÉCAIRES ET PRIVILÉGIÉS SUR LES IMMEUBLES.

Art. 552. Lorsque la distribution du prix des immeubles sera faite antérieurement à celle du prix des biens meubles, ou simultanément, les créanciers privilégiés ou hypothécaires, non remplis sur le prix des immeubles, concourront, à proportion de ce qui leur restera dû, avec les créanciers chirographaires, pourvu toutefois que leurs créances aient été vérifiées et affirmées suivant les formes ci-dessus établies.

Art. 553. Si une ou plusieurs distributions des deniers mobiliers précèdent la distribution du prix des immeubles, les créanciers privilégiés et hypothécaires vérifiés et affirmés concourront aux répartitions dans la proportion de leurs créances totales, et sauf, le cas échéant, les distractions dont il sera parlé ci-après.

Art. 554. Après la vente des immeubles et le règlement définitif de l'ordre entre les créanciers hypothécaires et privilégiés, ceux d'entre eux qui viendront en ordre utile sur le prix des immeubles pour la totalité de leur créance, ne toucheront le montant de leur collocation hypothécaire que sous la déduction des sommes par eux perçues dans la masse chirographaire. — Les sommes ainsi déduites ne resteront point dans la masse hypothécaire, mais retourneront à la masse chirographaire, au profit de laquelle il en sera fait distraction.

Art. 555. A l'égard des créanciers hypothécaires qui ne seront colloqués que partiellement dans la distribution du prix des immeubles, il sera procédé comme il suit : leurs droits sur la masse chirographaire seront définitivement réglés d'après les sommes dont ils resteront créanciers après leur collocation immobilière, et les deniers qu'ils auront touchés au delà de cette proportion, dans la distribution antérieure, leur seront retenus sur le montant de leur collocation hypothécaire et reversés dans la masse chirographaire.

Art. 556. Les créanciers qui ne viennent point en ordre utile, seront considérés comme chirographaires, et soumis comme tels aux effets du concordat et de toutes les opérations de la masse chirographaire.

SECTION IV.

DES DROITS DES FEMMES.

Art. 557. En cas de faillite du mari, la femme dont les apports en immeubles ne se trouveraient pas mis en communauté, reprendra en nature lesdits immeubles et ceux qui lui seront survenus par succession ou par donation entre-vifs ou testamentaire.

Art. 558. La femme reprendra pareillement les immeubles acquis en son nom des deniers provenant desdites successions et donations, pourvu que la déclaration d'emploi soit expressément stipulée au contrat d'acquisition, et que l'origine des deniers soit constatée par inventaire ou par tout autre acte authentique.

Art. 559. Sous quelque régime qu'ait été formé le contrat de mariage, hors le cas prévu par l'article précédent, la présomption légale est que les biens acquis par la femme du failli appartiennent à son mari, ont été payés de ses deniers, et doivent être réunis à la masse de son actif, sauf à la femme à fournir la preuve du contraire.

Art. 560. La femme pourra reprendre en nature les effets mobiliers qu'elle s'est constitués par contrat de mariage, ou qui lui sont advenus par succession, donation entre-vifs ou testamentaire, et qui ne seront pas entrés en communauté, toutes les fois que l'identité en sera prouvée par inventaire ou tout autre acte authentique. — A défaut, par la femme, de faire cette preuve, tous les effets mobiliers, tant à l'usage du mari qu'à celui de la femme, sous quelque régime qu'ait été contracté le mariage, seront acquis aux créanciers, sauf aux syndics à lui remettre, avec l'autorisation du juge-commissaire, les habits et le linge nécessaires à son usage.

Art. 561. L'action en reprise résultant des dispositions des art. 557 et 558 ne sera exercée par la femme qu'à la charge des dettes et hypothèques dont les biens sont légalement grevés, soit que la femme s'y soit obligée volontairement, soit qu'elle y ait été condamnée.

Art. 562. Si la femme a payé des dettes pour son mari, la présomption légale est qu'elle l'a fait des deniers de celui-ci, et elle ne pourra, en conséquence, exercer aucune action dans la faillite, sauf la preuve contraire, comme il est dit à l'art. 559.

Art. 563. Lorsque le mari sera commerçant au moment de la célébration du mariage, ou lorsque, n'ayant pas alors d'autre profession déterminée, il sera devenu commerçant dans l'année, les immeubles qui lui appartiendraient à l'époque de la célébration du mariage, ou qui lui seraient advenus depuis, soit par succession, soit par donation entre-vifs ou testamentaire, seront seuls soumis à l'hypothèque de la femme : — 1° pour les deniers et effets mobiliers qu'elle aura apportés en dot, ou qui lui seront advenus depuis le mariage par succession ou donation entre-vifs ou testamentaire, et dont elle prouvera la délivrance ou le payement par acte ayant date certaine ; — 2° pour le remploi de ses biens aliénés pendant le mariage ; — 3° pour l'indemnité des dettes par elle contractées avec son mari.

Art. 564. La femme dont le mari était commerçant à l'époque de la célébration du mariage, ou dont le mari, n'ayant pas alors d'autre profession déterminée, sera devenu commerçant dans l'année qui suivra cette célébration, ne pourra exercer dans la faillite aucune action à raison des avantages portés au contrat de mariage, et, dans ce cas, les créanciers ne pourront, de leur côté, se prévaloir des avantages faits par la femme au mari dans ce même contrat.

CHAPITRE VIII.

DE LA RÉPARTITION ENTRE LES CRÉANCIERS ET DE LA LIQUIDATION DU MOBILIER.

Art. 565. Le montant de l'actif mobilier, distraction faite des frais et dépenses de l'administration de la faillite, des secours qui auraient été accordés au failli ou à sa famille, et des sommes payées aux créanciers privilégiés, sera réparti entre tous les créanciers, au marc le franc de leurs créances vérifiées et affirmées.

Art. 566. A cet effet, les syndics remettront tous les mois, au juge-commissaire, un état de situation de la faillite, et des deniers déposés à la caisse des dépôts et consignations ; le juge-commissaire ordonnera, s'il y a lieu, une répartition entre les créanciers, en fixera la quotité, et veillera à ce que tous les créanciers en soient avertis.

Art. 567. Il ne sera procédé à aucune répartition entre les créanciers domiciliés en France, qu'après la mise en réserve de la part correspondante aux créances pour lesquelles les créanciers domiciliés hors du territoire continental de la France seront portés sur le bilan. — Lorsque ces créances ne paraîtront pas portées sur le bilan d'une manière exacte, le juge-commissaire pourra décider que la réserve sera augmentée, sauf aux syndics à se pourvoir contre cette décision devant le tribunal de commerce.

Art. 568. Cette part sera mise en réserve et demeurera à la caisse des dépôts et consignations jusqu'à l'expiration du délai déterminé par le dernier paragraphe de l'art. 492 ; elle sera répartie entre les créanciers reconnus, si les créanciers domiciliés en pays étrangers n'ont pas fait vérifier leurs créances, conformément aux dispositions de la présente loi. — Une pareille réserve sera faite pour raison de créances sur l'admission desquelles il n'aurait pas été statué définitivement.

Art. 569. Nul payement ne sera fait par les syndics, que sur la représentation du titre constitutif de la créance. — Les syndics mentionneront sur le titre la somme payée par eux ou ordonnancée conformément à l'art. 489. — Néanmoins, en cas d'impossibilité de représenter le titre, le juge-commissaire pourra autoriser le payement sur le vu du procès-verbal de vérification. — Dans tous les cas, le créancier donnera la quittance en marge de l'état de répartition.

Art. 570. L'union pourra se faire autoriser par le tribunal de commerce, le failli dûment appelé, à traiter à forfait de tout ou partie des droits et actions dont le recouvrement n'aurait pas été opéré, et à les aliéner; en ce cas, les syndics feront tous les actes nécessaires. — Tout créancier pourra s'adresser au juge-commissaire pour provoquer une délibération de l'union à cet égard.

CHAPITRE IX.

DE LA VENTE DES IMMEUBLES DU FAILLI.

Art. 571. A partir du jugement qui déclarera la faillite, les créanciers ne pourront poursuivre l'expropriation des immeubles sur lesquels ils n'auront pas d'hypothèques.

Art. 572. S'il n'y a pas de poursuite en expropriation des immeubles commencée avant l'époque de l'union, les syndics seuls seront admis à poursuivre la vente; ils seront tenus d'y procéder dans la huitaine, sous l'autorisation du juge-commissaire, suivant les formes prescrites pour la vente des biens des mineurs.

Art. 573. La surenchère, après adjudication des immeubles du failli sur la poursuite des syndics, n'aura lieu qu'aux conditions et dans les formes suivantes: — La surenchère devra être faite dans la quinzaine. — Elle ne pourra être au-dessous du dixième du prix principal de l'adjudication. Elle sera faite au greffe du tribunal civil, suivant les formes prescrites par les art. 708 et 709 du Code de procédure civile; toute personne sera admise à surenchérir. — Toute personne sera également admise à concourir à l'adjudication par suite de surenchère. Cette adjudication demeurera définitive et ne pourra être suivie d'aucune autre surenchère.

CHAPITRE X.

DE LA REVENDICATION.

Art. 574. Pourront être revendiquées, en cas de faillite, les remises en effets de commerce ou autres titres non encore payés, et qui se trouveront en nature dans le portefeuille du failli à l'époque de sa faillite, lorsque ces remises auront été faites par le propriétaire, avec le simple mandat d'en faire le recouvrement et d'en garder la valeur à sa disposition, ou lorsqu'elles auront été, de sa part, spécialement affectées à des payements déterminés.

Art. 575. Pourront être également revendiquées, aussi longtemps qu'elles existeront en nature, en tout ou en partie, les marchandises consignées au failli à titre de dépôt, ou pour être vendues pour le compte du propriétaire.

— Pourra même être revendiqué le prix ou la partie du prix desdites marchandises qui n'aura été ni payé ni réglé en valeurs, ni compensé en compte courant entre le failli et l'acheteur.

Art. 576. Pourront être revendiquées les marchandises expédiées au failli, tant que la tradition n'en aura point été effectuée dans ses magasins, ou dans ceux du commissionnaire chargé de les vendre pour le compte du failli. — Néanmoins la revendication ne sera pas recevable si, avant leur arrivée, les marchandises ont été vendues sans fraude, sur factures et connaissements ou lettres de voiture signées par l'expéditeur. — Le revendiquant sera tenu de rembourser à la masse les à-compte par lui reçus, ainsi que toutes avances faites pour fret ou voiture, commission, assurances ou autres frais, et de payer les sommes qui seraient dues pour mêmes causes.

Art. 577. Pourront être retenues par le vendeur les marchandises par lui vendues, qui ne seront pas délivrées au failli, ou qui n'auront pas été expédiées, soit à lui, soit à un tiers pour son compte.

Art. 578. Dans le cas prévu par les deux articles précédents, et sous l'autorisation du juge-commissaire, les syndics auront la faculté d'exiger la livraison des marchandises, en payant au vendeur le prix convenu entre lui et le failli.

Art. 579. Les syndics pourront, avec l'approbation du juge-commissaire, admettre les demandes en revendication : s'il y a contestation, le tribunal prononcera après avoir entendu le juge-commissaire.

CHAPITRE XI.

DES VOIES DE RECOURS CONTRE LES JUGEMENTS RENDUS EN MATIÈRE DE FAILLITE.

Art. 580. Le jugement déclaratif de la faillite, et celui qui fixera à une date antérieure l'époque de la cessation de payements, seront susceptibles d'opposition de la part du failli, dans la huitaine, et de la part de toute autre partie intéressée, pendant un mois. Ces délais courront à partir des jours où les formalités de l'affiche et de l'insertion énoncées dans l'article 442 auront été accomplies.

Art. 581. Aucune demande des créanciers tendant à faire fixer la date de la cessation des payements à une époque autre que celle qui résulterait du jugement déclaratif de faillite, ou d'un jugement postérieur, ne sera recevable après l'expiration des délais pour la vérification et l'affirmation des créances. Ces délais expirés, l'époque de la cessation des payements demeurera irrévocablement déterminée à l'égard des créanciers.

Art. 582. Le délai d'appel, pour tout jugement rendu en matière de faillite, sera de quinze jours seulement à compter de la signification. — Ce délai sera augmenté à raison d'un jour par cinq myriamètres pour les parties qui seront domiciliées à une distance excédant cinq myriamètres du lieu où siége le tribunal.

Art. 583. Ne seront susceptibles ni d'opposition, ni d'appel, ni de recours en cassation : — 1° les jugements relatifs à la nomination ou au remplacement du juge-commissaire, à la nomination ou à la révocation des syndics ; — 2° les jugements qui statuent sur les demandes de sauf-conduit et sur celles de secours pour le failli et sa famille ; — 3° les jugements qui autorisent à vendre les effets ou marchandises appartenant à la faillite ; — 4° les jugements qui prononcent sursis au concordat, ou admission provisionnelle de créanciers contestés ; — 5° les jugements par lesquels le tribunal de commerce statue sur les recours formés contre les ordonnances rendues par le juge-commissaire dans les limites de ses attributions.

TITRE II.

DES BANQUEROUTES.

CHAPITRE PREMIER.

DE LA BANQUEROUTE SIMPLE.

ART. 584. Les cas de banqueroute simple seront punis des peines portées au Code pénal, et jugés par les tribunaux de police correctionnelle, sur la poursuite des syndics, de tout créancier ou du ministère public.

ART. 585. Sera déclaré banqueroutier simple tout commerçant failli qui se trouvera dans un des cas suivants : — 1° si ses dépenses personnelles ou les dépenses de sa maison sont jugées excessives ; — 2° s'il a consommé de fortes sommes, soit à des opérations de pur hasard, soit à des opérations fictives de bourse ou sur marchandises ; — 3° si, dans l'intention de retarder sa faillite, il a fait des achats pour revendre au-dessous du cours ; si, dans la même intention, il s'est livré à des emprunts, circulation d'effets ou autres moyens ruineux de se procurer des fonds ; — 4° si, après cessation de ses payements, il a payé un créancier au préjudice de la masse.

ART. 586. Pourra être déclaré banqueroutier simple tout commerçant qui se trouvera dans un des cas suivants : — 1° S'il a contracté, pour le compte d'autrui, sans recevoir des valeurs en échange, des engagements jugés trop considérables, eu égard à sa situation lorsqu'il les a contractés ; — 2° s'il est de nouveau déclaré en faillite sans avoir satisfait aux obligations d'un précédent concordat ; — 3° si, étant marié sous le régime dotal, ou séparé de biens, il ne s'est pas conformé aux art. 69 et 70 ; — 4° si, dans les trois jours de la cessation de ses payements, il n'a pas fait au greffe la déclaration exigée par les art. 438 et 439, ou si cette déclaration ne contient pas les noms de tous les associés solidaires ; — 5° si, sans empêchement légitime, il ne s'est pas présenté en personne aux syndics dans les délais fixés, ou si, après avoir obtenu un sauf-conduit, il ne s'est pas représenté à justice ; — 6° s'il n'a pas tenu de livres et fait exactement inventaire ; si ses livres ou inventaires sont incomplets ou irrégulièrement tenus, ou s'ils n'offrent pas sa véritable situation active ou passive, sans néanmoins qu'il y ait fraude.

ART. 587. Les frais de poursuite en banqueroute simple intentée par le ministère public ne pourront, en aucun cas, être mis à la charge de la masse. — En cas de concordat, le recours du trésor public contre le failli pour ces frais ne pourra être exercé qu'après l'expiration des termes accordés par ce traité.

ART. 588. Les frais de poursuite intentée par les syndics au nom des créanciers, seront supportés, s'il y a acquittement, par la masse, et s'il y a condamnation, par le trésor public, sauf son recours contre le failli, conformément à l'article précédent.

ART. 589. Les syndics ne pourront intenter de poursuite en banqueroute simple, ni se porter partie civile au nom de la masse qu'après y avoir été autorisés par une délibération prise à la majorité individuelle des créanciers présents.

Art. 590. Les frais de poursuite intentée par un créancier seront supportés, s'il y condamnation, par le trésor public; s'il y a acquittement, par le créancier poursuivant.

CHAPITRE II.

DE LA BANQUEROUTE FRAUDULEUSE.

Art. 591. Sera déclaré banqueroutier frauduleux, et puni des peines portées au Code pénal, tout commerçant failli qui aura soustrait ses livres, détourné ou dissimulé une partie de son actif, ou qui, soit dans ses écritures, soit par des actes publics ou des engagements sous signature privée, soit par son bilan, se sera fauduleusement reconnu débiteur de sommes qu'il ne devait pas.

Art. 592. Les frais de poursuite en banqueroute frauduleuse ne pourront, en aucun cas, être mis à la charge de la masse. — Si un ou plusieurs créanciers se sont rendus parties civiles en leur nom personnel, les frais, en cas d'acquittement, demeureront à leur charge.

CHAPITRE III.

DES CRIMES ET DES DÉLITS COMMIS DANS LES FAILLITES PAR D'AUTRES QUE PAR LES FAILLIS.

Art. 593. Seront condamnés aux peines de la banqueroute frauduleuse : — 1° les individus convaincus d'avoir, dans l'intérêt du failli, soustrait, recélé ou dissimulé tout ou partie de ses biens, meubles ou immeubles; le tout sans préjudice des autres cas prévus par l'art. 60 du Code pénal; — 2° les individus convaincus d'avoir frauduleusement présenté dans la faillite et affirmé, soit en leur nom, soit par interposition de personnes, des créances supposées; — 3° les individus qui, faisant le commerce sous le nom d'autrui ou sous un nom supposé, se seront rendus coupables de faits prévus en l'art. 591.

Art. 594. Le conjoint, les descendants ou les ascendants du failli, ou ses alliés aux mêmes degrés, qui auraient détourné, diverti ou recélé des effets appartenant à la faillite, sans avoir agi de complicité avec le failli, seront punis des peines du vol.

Art. 595. Dans les cas prévus par les articles précédents, la cour ou le tribunal saisis statueront, lors même qu'il y aurait acquittement : — 1° d'office sur la réintégration à la masse des créanciers de tous biens, droits ou actions frauduleusement soustraits; — 2° sur les dommages-intérêts qui seraient demandés, et que le jugement ou l'arrêt arbitrera.

Art. 596. Tout syndic qui se sera rendu coupable de malversation dans sa gestion sera puni correctionellement des peines portées en l'art. 406 du Code pénal.

Art. 597. Le créancier qui aura stipulé, soit avec le failli, soit avec toutes autres personnes, des avantages particuliers à raison de son vote dans les délibérations de la faillite, ou qui aura fait un traité particulier duquel résulterait en sa faveur un avantage à la charge de l'actif du failli, sera puni correctionnellement d'un emprisonnement qui ne pourra excéder une année, et d'une amende qui ne pourra être au-dessus de deux mille francs. — L'emprisonnement pourra être porté à deux ans si le créancier est syndic de la faillite.

Art. 598. Les conventions seront, en outre, déclarées nulles à l'égard de toutes personnes, même à l'égard du failli. — Le créancier sera tenu de rapporter à qui de droit les sommes ou valeurs qu'il aura reçues en vertu des conventions annulées.

Art. 599. Dans le cas où l'annulation des conventions serait poursuivie par la voie civile, l'action sera portée devant les tribunaux de commerce.

Art. 600. Tous arrêts et jugements de condamnation rendus, tant en vertu du présent chapitre que des deux chapitres précédents, seront affichés et publiés, suivant les formes établies par l'art. 42 du Code de commerce, aux frais des condamnés.

CHAPITRE IV.

DE L'ADMINISTRATION DES BIENS EN CAS DE BANQUEROUTE.

Art. 601. Dans tous les cas de poursuite et de condamnation pour banqueroute frauduleuse, les actions civiles autres que celles dont il est parlé dans l'art. 595 resteront séparées, et toutes les dispositions relatives aux biens, prescrites pour la faillite, seront exécutées sans qu'elles puissent être attribuées ni évoquées aux tribunaux de police correctionnelle, ni aux cours d'assises.

Art. 602. Seront cependant tenus, les syndics de la faillite, de remettre au ministère public les pièces, titres, papiers et renseignements qui leur seront demandés.

Art. 603. Les pièces, titres et papiers délivrés par les syndics seront, pendant le cours de l'instruction, tenus en état de communication par la voie du greffe; cette communication aura lieu sur la réquisition des syndics, qui pourront y prendre des extraits privés, ou en requérir d'authentiques, qui leur seront expédiés par le greffier. — Les pièces, titres et papiers dont le dépôt judiciaire n'aurait pas été ordonné seront, après l'arrêt ou le jugement, remis aux syndics, qui en donneront décharge.

TITRE III.

DE LA RÉHABILITATION.

Art. 604. Le failli qui aura intégralement acquitté, en principal, intérêts et frais, toutes les sommes par lui dues, pourra obtenir sa réhabilitation. — Il ne pourra l'obtenir, s'il est l'associé d'une maison de commerce tombée en faillite, qu'après avoir justifié que toutes les dettes de la société ont été intégralement acquittées en principal, intérêts et frais, lors même qu'un concordat particulier lui aurait été consenti.

Art. 605. Toute demande en réhabilitation sera adressée à la cour royale dans le ressort de laquelle le failli sera domicilié. Le demandeur devra joindre à sa requête les quittances et autres pièces justificatives.

Art. 606. Le procureur général près la cour royale, sur la communication qui lui aura été faite de la requête, en adressera des expéditions certifiées de lui au procureur du roi et au président du tribunal de commerce du demandeur, et si celui-ci a changé de domicile depuis la faillite, au procureur du roi et au président du tribunal de commerce de l'arrondissement où elle a eu lieu, en les chargeant de recueillir tous les renseignements qu'ils pourront se procurer sur la vérité des faits exposés.

Art. 607. A cet effet, à la diligence tant du procureur du roi que du président du tribunal de commerce, copie de la dite requête restera affichée pendant un délai de deux mois, tant dans les salles d'audience de chaque tribunal, qu'à la bourse et à la maison commune, et sera insérée par extrait dans les papiers publics.

Art. 608. Tout créancier qui n'aura pas été payé intégralement de sa créance en principal, intérêts et frais, et toute autre partie intéressée, pourra, pendant la durée de l'affiche, former opposition à la réhabilitation par simple acte au greffe, appuyé des pièces justificatives. Le créancier opposant ne pourra jamais être partie dans la procédure de réhabilitation.

Art. 609. Après l'expiration de deux mois, le procureur du roi et le président du tribunal de commerce transmettront, chacun séparément, au procureur général près la cour royale, les renseignements qu'ils auront recueillis et les oppositions qui auront pu être formées. Ils y joindront leurs avis sur la demande.

Art. 610. Le procureur général près la cour royale fera rendre arrêt portant admission ou rejet de la demande en réhabilitation. Si la demande est rejetée, elle ne pourra être reproduite qu'après une année d'intervalle.

Art. 611. L'arrêt portant réhabilitation sera transmis aux procureurs du roi et aux présidents des tribunaux auxquels la demande aura été adressée. Ces tribunaux en feront faire la lecture publique et la transcription sur leurs registres.

Art. 612. Ne seront point admis à la réhabilitation les banqueroutiers frauduleux, les personnes condamnées pour vol, escroquerie ou abus de confiance, les stellionataires, ni les tuteurs, administrateurs ou autres comptables qui n'auront pas rendu et soldé leurs comptes. — Pourra être admis à la réhabilitation le banqueroutier simple qui aura subi la peine à laquelle il aura été condamné.

Art. 613. Nul commerçant failli ne pourra se présenter à la bourse, à moins qu'il n'ait obtenu sa réhabilitation.

Art. 614. Le failli pourra être réhabilité après sa mort.

LIVRE PREMIER.

TITRE IV.

Art. 69. L'époux séparé de biens, ou marié sous le régime dotal, qui embrasserait la profession de commerçant postérieurement à son mariage, sera tenu de faire pareille remise dans le mois du jour où il aura ouvert son commerce; à défaut de cette remise, il pourra être, en cas de faillite, condamné comme banqueroutier simple.

LIVRE IV.

TITRE II.

Art. 635. Les tribunaux de commerce connaîtront de tout ce qui concerne les faillites, conformément à ce qui est prescrit au livre III du présent Code.

FIN.

www.ingramcontent.com/pod-product-compliance
Ingram Content Group UK Ltd.
Pitfield, Milton Keynes, MK11 3LW, UK
UKHW022117260726
13993UKWH00003B/1068